Twitter広告
運用ガイド

高橋暁子 著

はじめに

ビジネス活用に強くなった「Twitter」

皆さんは、Twitterにどのような印象を持っているでしょうか。

Twitterと言えば、青いツイッターバード、何気ないツイートがあっという間に多くの人にリツイートされる拡散力、10代の若者に人気、震災時に役立つなど、さまざまな印象をお持ちのはずです。ところで、そのイメージは完全に正しいのでしょうか。大体においては正しいものの、これだけではTwitterを正しくとらえているとは言えません。

たとえば、Twitterはビジネスと親和性が高いサービスです。そのような印象を持っている方はそれほど多くはないかもしれませんが、本書を読めば納得していただけるはずです。少し前まで、Twitter広告はごく一部の限られた大企業しか活用できませんでした。しかし、現在は「セルフサービス式Twitter広告」が登場し、中小企業や個人も広告を配信できるようになりました。本編で詳しく解説していますが、Twitterは10代・20代に人気が高い一方で、30代以上が過半数を占め、ユーザーは消費意欲が高く、スマートフォン経由でモノを購入するというデータもあります。

本書は、TwitterやTwitterユーザーに関する正しい理解を促すとともに、セルフサービス式Twitter広告の基本から応用までを押さえたうえで、一番コツが必要なクリエイティブやターゲティングなどの設定の仕方について、事例を盛り込んでわかりやすく解説しています。特に、中小企業や個人経営者がビジネス拡大を目的としてセルフサービス式Twitter広告を活用するためのヒントをお伝えする本となっています。

情報インフラとしてのTwitter

　ここであらためて、Twitterについて整理してみましょう。
　2011年3月に起きた東日本大震災では、携帯電話や固定電話は通信制限によりほとんどつながらない状態でした。そんなときに役立ったのが、Twitterをはじめとしたソーシャルメディアです。

　特にTwitterは、交友関係を超えた広い情報収集が可能です。個人で情報を広く発信し、情報拡散することもできます。電車が止まり帰宅難民となった人たちの助けとなったのも、被災者が現地で役立つ情報を得られたのもまたTwitterのおかげでした。気仙沼で保育施設の園長ら446人が津波と火災で孤立した状態でいたため、危機を知った園長の息子がTwitterで救助を要請。情報は拡散されて、当時の猪瀬直樹都知事にまで伝わり、東京消防庁が出動し、ヘリで助け出すことができたという事例など、Twitterが救助につながった例も多数あります。

　2016年4月に起きた熊本地震でも、先の震災での学びを活かして、Twitterなどのソーシャルメディアが情報発信・収集・拡散に使われ、政府や自治体による積極的な活用も目立ちました。Twitterはもはや情報インフラとして広く認められたと言っていいでしょう。

孫のツイートが祖父の会社の危機を救った

　2015年に、印刷会社の窮状をTwitterが救った話を耳にした人はいるでしょうか。小さな町の印刷工場が水平開きできる方眼ノートを作り、特許も取得しました。ところが、宣伝する手段を持たないためノートは売れず、在庫を抱えたまま廃業の危機を迎えていたのです。経営者である祖父が、孫に宣伝を依頼したところ、Twitterでノートの特徴を画像付きで説明してツイートしました。それを見たユーザーのリツイート数は瞬く間に3万件を超え、ツイートから数時間後には注文が殺到し、注文は2〜3日で3万件を超えることになったのです。

このノートはメディアでも話題となり、ヨドバシカメラや三省堂、ロフト、Amazonなどでも入手できるようになりました。窮状に陥っていた印刷工場を救い、素晴らしい商品を世に広めることができたのは、まさにTwitterの力と言っていいでしょう。

　Twitterでは、ユーザーは共感によって動き、その共感の輪はどこまでも広がっていきます。商品が素晴らしいと思ったからこそ、多くのユーザーはリツイートし、注文します。商品に力があれば、このようにユーザーによって拡散されたり、広く販売できる可能性もあります。

Twitterの可能性をビジネスに活かそう

　Twitterの魅力のほんの一部ですが、その力や可能性を感じていただけたでしょうか。Twitterの力をビジネスに活用できるのが、本書のテーマである「セルフサービス式Twitter広告」です。

　私は、SNSのビジネスや個人での活用などについて、その黎明期からずっと取材を続けてきました。取材を通じて、TwitterやTwitter広告の力を実感し、わかりやすくまとめたのが本書です。ネットで広告を掲載するのははじめてで、どうしたらよいかわからないという人も、宣伝したい商材を持っているのであれば、ぜひ本編まで読み進めてください。

　すぐに広告を配信せずとも、広告アカウントを開設するだけなら費用はかかりません。アカウントを開設すれば、通常のツイートでも高いクリック率が見込める「Twitterカード」機能を使えます。7章を参考にウェブサイトタグを発行して自社サイトに設置しておけば、いざ本格的に広告を配信したいと考えたときにすぐにデータを活用できるはずです。

ぜひ本書を見ながら、実際に手を動かして広告を作成し、配信してみてください。効果を高めるためのヒントをたっぷりと散りばめてあります。Twitterやセルフサービス式Twitter広告を理解して正しく活用すれば、きっとビジネスで素晴らしい成果が得られるはずです。

2016年7月吉日

高橋暁子

もくじ

はじめに……………………………………………………………………………… ii

CHAPTER 01
TwitterのユーザーとTwitter広告……………………………………001

Twitterの基礎知識 ………………………………………………………… 002
Twitterユーザーはどんな人？ …………………………………………… 007
Twitter広告の特徴①自然な見た目で、情報が届きやすい …………… 011
Twitter広告の特徴②ソーシャルならではの拡散力 …………………… 013
Twitter広告の特徴③少額の予算を効率的に運用できる ……………… 014
Twitter広告の特徴④広告を見せたいユーザーに的確にターゲティング ……… 015

CHAPTER 02
Twitter広告の仕組み ……………………………………………………017

Twitter広告の3つのメニュー ……………………………………………… 018
Twitter広告の機能と特徴 …………………………………………………… 020
Twitterで可能なターゲティング …………………………………………… 023
広告の成果測定……………………………………………………………… 023
オークションの仕組み……………………………………………………… 026
広告の目的と成果と課金方式……………………………………………… 028
アカウント開設から広告運用までのフロー……………………………… 033
セルフサービス式Twitter広告 …………………………………………… 036

CHAPTER 03
広告の出稿計画を考える……………………………………………039

- 広告キャンペーンとは……………………………………………………… 040
- 出稿計画の際に決めておくこと…………………………………………… 042
- 広告を見てほしい人を明確にする………………………………………… 045
- 運用にかかる手間を軽減するには………………………………………… 048
- 広告の基本的なルールを守ろう…………………………………………… 050
- 稟議書・企画書の書き方…………………………………………………… 052

CHAPTER 04
広告管理画面の使い方…………………………………………057

- ユーザーアカウントの開設………………………………………………… 058
- 広告用アカウントの設定…………………………………………………… 064
- 広告キャンペーンの目的を設定する……………………………………… 068
- はじめての広告キャンペーン設定………………………………………… 070
    - ステップ1　キャンペーンの概要の設定 ……………………………… 070
    - ステップ2　ターゲティングの設定 …………………………………… 072
    - ステップ3　予算の設定 ………………………………………………… 087
    - ステップ4-A　クリエイティブの設定（新規作成）………………… 089
    - ステップ4-B　クリエイティブの設定（既存のツイートを流用）…… 094
    - キャンペーンの「保存」と「開始」…………………………………… 094
- レポートの見方……………………………………………………………… 095
- 広告管理画面の使い方……………………………………………………… 100
- 「キャンペーン」メニュー ………………………………………………… 101
- 「クリエイティブ」メニュー ……………………………………………… 104
- 「アナリティクス」メニュー ……………………………………………… 106
- 「ツール」メニュー ………………………………………………………… 110
- スマートフォンでTwitter広告を設定する ……………………………… 111
- Yahoo!プロモーション広告の広告管理ツールを使う ………………… 114

CHAPTER 05
広告運用のポイント① ターゲティング……………………………………115

- ターゲティング＝誰に広告を見せるか……………………………………… 116
- Twitterで可能なターゲティング ……………………………………………… 118
  1. フォロワーターゲティング …………………………………………… 118
  2. キーワードターゲティング …………………………………………… 119
  3. 興味関心ターゲティング ……………………………………………… 120
  4. 属性別ターゲティング ………………………………………………… 120
  5. 地域ターゲティング …………………………………………………… 120
  6. デバイスターゲティング ……………………………………………… 121
  7. テイラードオーディエンス …………………………………………… 121
  - その他のターゲティング………………………………………………… 123
- フォロワーターゲティングのポイント …………………………………… 124
- キーワードターゲティングのポイント …………………………………… 128
- 事例で考える 良いターゲティング・悪いターゲティング …………… 131
- ターゲティング事例1：「カラーコンタクト」のキャンペーン ………… 135
- ターゲティング事例2：「旅行予約アプリ」のキャンペーン …………… 138

CHAPTER 06
広告運用のポイント② クリエイティブ………………………………141

- クリエイティブの考え方……………………………………………………… 142
- クリックされやすいツイートの作り方……………………………………… 145
- 人の目を引くコピーとは……………………………………………………… 147
- 効果的な画像の作り方………………………………………………………… 149
- 動画を使う……………………………………………………………………… 151
- 動画の設定……………………………………………………………………… 151
- Twitterカードを活用する …………………………………………………… 156

ケーススタディ：カラーコンタクトショップの広告……………………………158
クリエイティブをテストする………………………………………………………160

CHAPTER 07
広告運用のポイント③　タグの設定と収集データの活用…………167

成果を計測するコンバージョントラッキング……………………………………168
「ユニバーサルウェブサイトタグ」を使うメリット……………………………171
コンバージョンイベントの設定……………………………………………………172
リマーケティングに使えるテイラードオーディエンスを作成する……………178
広告キャンペーンのターゲティングの設定………………………………………180
応用編：テイラードオーディエンスを使った「除外」設定……………………181
応用編：CPAを抑えたいときの設定………………………………………………182
モバイルアプリのコンバージョントラッキング…………………………………183

CHAPTER 08
広告運用のポイント④　広告配信の最適化………………………………185

広告効果を高めるための「最適化」………………………………………………186
最適化が必要な6つのパターン……………………………………………………188
クリエイティブの最適化……………………………………………………………191
ターゲティングの最適化……………………………………………………………195
予算の考え方…………………………………………………………………………200
広告予算の最適化……………………………………………………………………202

APPENDIX 付録
「アナリティクス」を活用する …… 205

アナリティクスを使ってデータを分析 …… 206
Twitterカード画面 …… 210
「動画アクティビティ（ベータ版）」画面 …… 217
「イベント」画面 …… 218
ツイート分析 …… 220
オーディエンス分析 …… 223

索引 …… 225

Twitter広告 運用ガイド

CHAPTER 01

TwitterのユーザーとTwitter広告

Twitterの基礎知識

「Twitter（ツイッター）」は、2006年7月に短い文章を投稿・共有するサービスとして米国で誕生しました。現在では、PC、スマートフォン、タブレットなどで使うことができます。

Twitterの画面

まず、画面を見てみましょう。PCとスマートフォンでは画面の構成が少し違いますが、その中心にあるのはタイムラインです。Twitterでは、個人も企業もユーザーアカウントを作成すると、「ホーム」ページを持つことができ、そこにタイムラインが表示されます。自分の投稿も、フォローしているユーザーの投稿もここに表示され、上から下へ流れていきます。

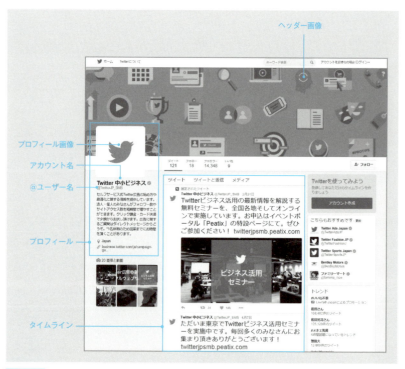

図表01-01 Twitterの画面（PC）

以下の画面はいずれも、Twitter Japanが運営している「Twitter中小ビジネス」というアカウントのホームページです。上部にヘッダー画像が大きく表示され、その下にプロフィールやタイムラインが表示されています。また、このアカウントがフォローしているアカウント、逆にフォローしてくれたアカウントや「いいね」の詳細を見ることができます。

　ひとつひとつの投稿は、ツイートと呼ばれます。文章だけでなく、写真や動画などを一緒にツイートすることができます。本書のテーマである「Twitter広告」は、このタイムラインに通常のツイートと同じような見た目で表示することができます。

　ユーザーの多くがスマートフォンでTwitterを利用しているため、本書は主にスマートフォンの画面で説明していきます。

図表01-02　Twitterの画面（スマートフォン）

フォロー

あるアカウントをフォローすると、そのアカウントのツイートが自分のタイムラインに表示されるようになります。たとえば、好きなアーティストのアカウントをフォローすると、その人のツイートが自分のタイムラインに流れてきます。このように、自分が興味を持っている人や会社など、さまざまなアカウントを選択してフォローしたり、逆にフォローを止めることで、タイムラインに流れてくる情報をコントロールすることができます。

自分がフォローしているアカウントの数、あるいは自分をフォローしているアカウント（フォロワー）の数は、プロフィール画面で確認できます。米国の人気シンガーソングライターであるケイティ・ペリーのフォロワーは、2016年6月時点で約8935万となっています。何かツイートすれば、これだけの数の人にメッセージが届くことを考えると、このアカウント自体が1つのメディアと言えます。

このように多くのフォロワーを獲得すれば、それらの人たちにメッセージを伝えることができますが、本書で紹介するTwitter広告は、フォロワー以外の人たちにも広告というかたちで情報を伝えることが可能です。

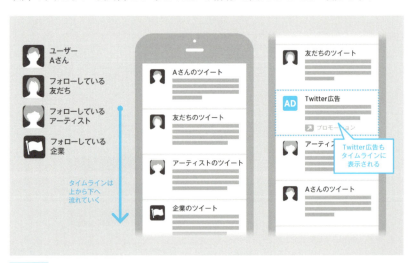

図表01-03 タイムライン

ツイートとリツイート

1つのツイートは以下のような要素で構成されています。これはスマートフォンのタイムラインに表示されたツイートです。下図にある「@TwitterJP_SMB」という文字列は、アカウントひとつひとつに与えられているメールアドレスのようなものです。この@ユーザー名を含んだツイートは、そのユーザーのタイムラインに表示されます。

また、ツイートごとに下に4つのアイコンが表示され、返信やリツイートなどの操作ができます。タイムラインに並んだツイートをタップすると、個別のツイート詳細画面が表示されます。

リツイートは「再投稿」という意味で、「リツイート」アイコンをタップすると、そのツイートを自分のフォロワー全員と共有することができます。興味深いと思った内容を、他のフォロワーにも伝えたいときなどに使います。

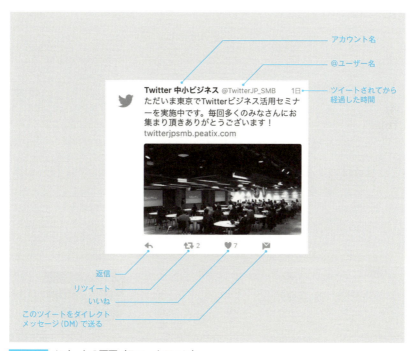

図表01-04 ツイートの画面(スマートフォン)

ハッシュタグ

　ツイートの中に半角の「#」を頭に付けた言葉を入力し、前後にスペースを入れるとその文字列はハッシュタグになります（登録手続きなどは不要です）。以下の画面には「#翔泳社」というハッシュタグがあり、ここをタップすると「翔泳社」に関するツイートが一覧表示され、この言葉がTwitterでどのように話題になっているか見ることができます。

　また、イベントの主催者が公式なハッシュタグをツイートし、そのイベントについてのツイートを募るといった使い方もできます。ハッシュタグは、膨大なTwitterユーザーのツイートを共通のキーワードで切り取ることができる便利な機能です。広告キャンペーンでも、このハッシュタグの仕組みを活用することができます。

　このようにTwitterの仕組みはとてもシンプルで、ユーザーはそれぞれのやり方で情報や人に出会ったり、自分の気持ちやできごとを共有することができるのです。

図表01-05　ハッシュタグ

Twitterユーザーはどんな人？

日本のユーザー数は急成長中

　Twitterを広告プラットフォームとして見るとき、Twitterユーザーはどのような人たちか気になりますよね。

　Twitterの月間アクティブユーザー数は世界で3億1000万人以上で、日本人のユーザー数はその10％、約3500万人です（2015年12月時点）。日本人の4人に1人がTwitterユーザーというわけです。日本法人ができた2011年3月の670万人から5.2倍となっており、2015年12月時点での増加率は日本がトップ。男女比はほぼ半々です。

ユーザーの年代・職業

　Twitterは「10代中心の若い人が使うもの」という印象をお持ちの方は多いかもしれません。学生の利用が多いのは確かですが、ユーザーの年齢分布を見ると、10代以下は21％、30代以上が全体の約半数に当たる48％です（出典：マクロミル）。

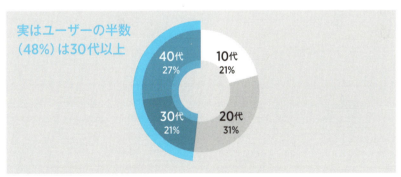

図表01-06　Twitterユーザーは若者が多いものの、約半数は30代以上
出典：Macromill 2015年5月。Twitterを1か月に1回以上利用する人の属性

職業別で最も多いのは「会社員・公務員」で、「学生」が続いています。したがってTwitter広告は、若者はもちろん、30代以上のビジネスパーソンをターゲットとする場合にも大いに活用できます。

モバイルからのアクセスが80％超

　Twitterユーザーのもう1つの特徴は、スマートフォンからの利用が多いこと。アクセス全体の80％以上をモバイルが占めています。日本の2014年第3四半期における各デバイスからのインターネット利用時間は、スマートフォン経由が1時間46分、PC経由が46分で倍以上の差があります。

　2016年の調査データでは、スマートフォンユーザーにおけるTwitter利用率は全年代の55％に達しており、スマートフォンで利用されるサービスにおける時間占有率で3位となっています。さらに学生に限ると、利用率は85％、利用時間では1位となっており、若い年代のユーザーとの親和性が高いことがわかります。

　なお、18〜29歳の層と、30代以上ではTwitterの利用目的が異なります。18〜29歳では身近な知人・友人とのコミュニケーションがメインになる

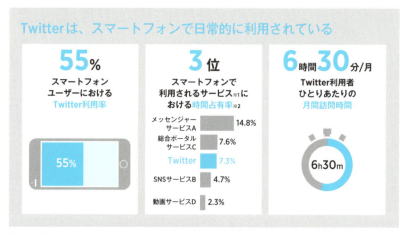

図表01-07　Twitterの利用状況
　　　　　　出典：Nielsen Mobile NetView 2016年1月データ
　　　　　　Twitter.com（Brand）／Android+iOS／アプリケーション含める。
　　　　　※1　Twitterにて独自に選択した、スマートフォンで頻繁に利用されるサービス
　　　　　　　（Brand）内でのランキング
　　　　　※2　時間占有率（％）：全Brandの総訪問時間に占める各Brandの総訪問時間

のに対して、30代以上は情報収集ツールとして利用する傾向があります。有益な情報を発信する人をフォローしたり、業界ニュースや趣味に関するアカウントをフォローするといった使い方です。

ユーザーは何を買っているのか

続いて、Twitterと購買行動の親和性に注目してみましょう。Twitter Japanの調査では、Twitterユーザーは6個以上の企業アカウントをフォローしています。フォローする主な理由は「安売り情報などを得るため」「プレゼントなど無料情報を得るため」などです。

また、Twitterユーザーはスマートフォン経由でモノを購入する割合が高いという特徴があります。Twitterを使っていないモバイルユーザーがスマートフォンでモノを購入する割合が5%なのに対し、Twitterを使っているモバイルユーザーの場合は14%と、約2.5倍にもなります。

図表01-08 Twitterユーザーはスマートフォン経由でモノを購入する割合が高い
出典：Nielsen Mobile NetView Custom Data Feed（Android）2014年3月

Twitterユーザーが具体的にどんな商品を買っているのかは「#Twitterみて買ったもの」というハッシュタグで知ることができます。2016年1月にTwitter Japanの呼びかけで、Twitterではじめてその存在を知って購入したものをこのハッシュタグと一緒にツイートしてもらったところ、次のような結果となりました（2016年1月時点）。

「Twitterを見て買ったもの」ランキング

順位	項目	%
1位	食品・飲料	30%
2位	ホビー系アイテム（キャラクターグッズ・フィギュア）	24%
3位	エンタメ系コンテンツ（映画・音楽・本・舞台チケットなど）	17%
4位	ゲーム	9%
5位	テクノロジー系製品	6%
6位	アパレル（ファッション・アクセサリー）	6%
7位	コスメ・パーソナルケア・美容関連製品	3%
8位	アプリ課金・課金カード（iTunes/GooglePlayなど）	2%
9位	レストラン・ファストフード	2%
10位	LINEスタンプ/アイコン	1%

　ランキングの4位に「ゲーム」が入っていますが、Twitterユーザーはゲームアプリとも親和性が高いのが特徴です。ある調査によると（※）、Twitterユーザーのゲームアプリ利用率が70%なのに対し、非Twitterユーザーは57%となっています。ゲームアプリにおける課金率も高く、課金額を見ると、Twitterユーザーは1か月平均413円なのに対して、非Twitterユーザーは1か月平均で92円となっています。

※「Twitter消費実態調査」2013年5月実施、n=2,253、調査パネル：JustSystems社

Twitter広告の特徴①
自然な見た目で、情報が届きやすい

　ここからは、本書のテーマである「Twitter広告」の特徴を紹介します。Twitterを見ていて「広告が多い」と感じたことはあるでしょうか。もしかしたら、広告の存在に気がつかない方も多いのではないでしょうか。

　ネットを利用しているとバナー広告をたくさん目にします。スマートフォンでは、ボタンなどの近くにバナー広告が表示され、間違ってタップしてしまうこともあります。そうした広告の多くは、本来ユーザーが求めていた体験を阻害し、不快感を抱かせる危険性をはらんでいます。そういう体験が重なってくるとユーザーは、簡単にはバナー広告をクリックしてくれません。

　そこで最近注目されているのがネイティブ広告です。これは、広告を自然なかたちで見せることで、ユーザーがストレスなく受け入れやすい広告を指します。

図表01-09　従来のバナー広告とネイティブ広告

Twitterにはバナー広告枠はありません。Twitter広告の1つである「プロモツイート」は、タイムラインに通常のツイートと同じような見た目で表示され、タイムラインを流れていきます。バナー広告のように一定の場所に固定されていません。そのため、ユーザーの目に触れやすく、情報が伝わりやすいという特徴があります。

　Twitter広告では「プロモーション」という表記を入れて、広告であることを明らかにしています。

図表01-10　Twitter広告はタイムラインに並んでも違和感がない

Twitter広告の特徴②
ソーシャルならではの拡散力

「クチコミを検索してから購入する」――近年、このようなユーザー行動が当たり前になってきました。たとえば、新しい味のアイスが発売されると、Twitterユーザーはいち早くそれを試して「意外な味だった」「すごくおいしかった」などと感想をツイートします。こうしたTwitterユーザーの特性を知っている人は、検索エンジンではなく、Twitterでクチコミを検索して、新商品の評判をチェックします。

ある調査では（※）、「購入したものについてポジティブなツイートをしたことがある」と答えた人は全体の24%、「商品・サービスに関するツイートを見た際に影響を受ける」という回答も60%となっています。Twitterでは、ユーザーの自発的なツイートがクチコミとなり、それを目にした他のユーザーに対する販促効果につながるのです。

※　出典：Nielsen, Twitter Online Shopper study、2014年5月、n=416
　　　過去3か月以内にECで商品を購入したTwitterユーザー

ユーザーの拡散力が広告効果をアップ

Twitter広告では、ユーザーが広告をクリックしたときだけ広告費が発生するクリック課金というシステムになっているので、広告が表示されただけでは課金されません（動画の再生課金を除く）。さらに、ユーザーによってリツイートされた広告の場合は、クリックされても課金の対象外となります。

「拡散ならTwitter」と言われるほど、Twitterは拡散力があります。2015年に最もリツイート（再投稿）された動画は、15万リツイートを記録しました。面白いと思われれば、このくらいリツイートされる可能性があります。

前述の調査データで触れたように、Twitterユーザーはポジティブな購入体験を自発的にツイートする傾向があります。つまり、Twitterは投資した広告費以上に拡散効果が見込めるプラットフォームなのです。

Twitter広告の特徴③
少額の予算を効率的に運用できる

　本書の読者の中には、はじめてネットで広告を掲載するという方もいるかもしれません。一体いくら広告費がかかるのか不安に思うこともあるでしょう。Twitter広告では、たとえば自社サイトへの誘導1回、あるいはフォロワー獲得1件につき、数10円～100円程度の広告予算で始められます。最低出稿金額の設定がないため、できるだけ少額で試してみたい場合には、予算1万円程度からテストすることも可能です。

　Twitter広告が注目される理由の1つに「リスティング広告（検索連動型広告）」のキーワード入札価格の高騰があります。リスティング広告は、Googleなどの検索サービスでキーワードを入力して検索すると、その検索結果に連動して表示される広告です。広告主はキーワードに対して入札し、オークションによって出稿（広告を掲載すること）が決まります。そのため検索数の多い人気のキーワードは、入札価格が高くなる傾向にあります。

　Twitter広告でも、ユーザーがツイートした言葉や検索したキーワードに関連づけて広告を出すことができます。オークション形式での入札になりますが、現状ではキーワードごとの金額の差がリスティング広告ほど大きくありません。つまり、人気のキーワードでも安価に広告を掲載できる場ということになります。リスティング広告を運用している人には、見逃せない点ではないでしょうか。

図表01-11　目標と広告予算の例

Twitter広告の特徴④
広告を見せたいユーザーに的確にターゲティング

　広告を掲載するとき、「どういう人に広告を見てほしいか」というイメージがあるはずです。たとえば「北海道に住んでいる人」「ダイエットに興味がある人」「クルマを買い替えようとしている人」などです。このように広告を見せる対象(ターゲット)を指定して、広告を配信することを「ターゲティング」といいます。

　Twitterユーザーは、興味のある情報をツイートする人をフォローする傾向にあります。Twitter広告では、広告配信の対象を性別、地域を推定してターゲティングすることもできますが、このフォローという機能を通じてユーザーの興味や関心にフォーカスしてターゲティングを行うことで、より大きな効果を発揮します。

　たとえば、「著名なマーケターであるAさんをフォローしている人」をターゲティングすると、Aさんがツイートするマーケティング情報に興味を持つ層に広告が配信できます。企業のマーケティングを支援するサービスを提供している会社が広告を掲載する場合、「マーケターとして有名なAさんとBさんをフォローしている人」に広告を配信するよう設定することで、マーケティングに興味関心がある人に広告を届けることができるのです。

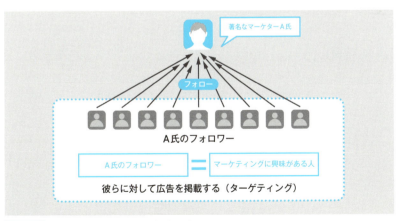

図表01-12　フォロワーターゲティングの考え方
　　　　　（フォロワーの類似ユーザーもターゲティングされる）

フォロワーの多い、人気のアカウントはTwitter上で検索して探すことができます。また、自動車メーカーなら、新しいクルマの広告を自社アカウントのフォロワーだけでなく、他社のフォロワーにも見てほしいと思うでしょう。このアカウント選びはTwitter広告のポイントの1つです。

Twitterでは、ターゲティングをさまざまに工夫することで、「こういう人たちに情報を届けたい」というニーズを実現することができます。

Twitterの使い方いろいろ

Twitterの使い方は、人によってさまざまです。

・芸能人や有名人のテレビでは言えない本音トーク

・「電車遅延中」「豪雨発生」など、交通や天気の最新情報をキャッチ

・スマホゲームのプレイヤーどうしでの会話
（限定アイテムの獲得方法やカードの交換など）

・自分の仕事の業界ニュース
（法改正に関する議論など、士業の会話も活発です）

・自社・他社商品のレビューやコメント

・自分が買おうとしている商品のレビューやコメント

いずれも共通しているのは、最新情報に敏感で情報感度が高い人が多いということ。Twitter広告を考えるときは、こうした利用シーンがヒントになるでしょう。

Twitter広告 運用ガイド

CHAPTER 02

Twitter広告の仕組み

Twitter広告の3つのメニュー

それでは、Twitter広告について、さらに具体的に説明していきましょう。Twitter広告の主なメニューには「プロモツイート」「プロモアカウント」「プロモトレンド」があり、それぞれ表示される場所が異なります。

まず、**プロモツイート**は、ツイート自体を広告として、ユーザーのタイムラインに表示され、ユーザーは「いいね」やリツイートなどができます。通常のツイートと違うのは、ツイートの下部に「プロモーション」と表記され、広告効果を高めるための専用フォーマットが使えるといった点です。文章だけでなく、写真や動画と組み合わせて、ブランド認知、商品やサービスの紹介、URLを記載してサイトへの誘導を図るのに適した広告です。

図表02-01 Twitter画面（PC）に表示された3種類の広告

プロモトレンドは、ハッシュタグの形をとり、多くの人がツイートしているハッシュタグを表示するトレンド欄に表示されます。プロモトレンドも下部に「○○によるプロモーション」という表記が入ります。プロモトレンドをクリックすると、その話題に関するツイートの検索結果が表示され、一番上に関連するプロモツイートが表示されます。

最後のプロモアカウントは、アカウントのフォロワー数を増やしたいときなどに利用します。表示される場所は、タイムライン、おすすめユーザー、検索結果などで、フォローを促すボタンが大きく表示されます。プロモアカウントも同様に「プロモーション」と記載されます。

これらの広告は、スマートフォンにおいてもほぼ同様の場所に表示されます。本書では、主にプロモツイートの活用法について解説します。

Twitter広告の機能と特徴

Twitter広告には、ユーザーの反応を高めるさまざまな機能や特徴があります。主なものをいくつか紹介します。

Twitterカード

Twitter広告では、ウェブサイトへの誘導やアプリのインストールといった目的ごとに活用できる「Twitterカード」という機能があります。これは、ツイートに表示される広告用のカードで、広告主が自由に文章や画像を設定することができます。たとえば、「ウェブサイトカード」は、広告主が設定したウェブサイトにユーザーを誘導するためのカードで、クリックするとリンク先のサイトに飛びます。

この他にも、「アプリカード」「リードジェネレーションカード」などがあり、これらをツイートに設定することができます。

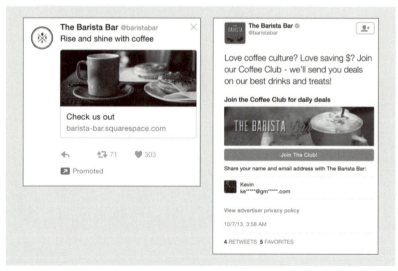
図表02-02 Twitterカードの例（左：ウェブサイトカード、右：リードジェネレーションカード）

アプリカードは、「インストール」もしくは「開く」ボタンが表示され、アプリのダウンロードやダウンロード済みのアプリの起動の促進に特化しています。タップするだけでスムーズにアプリストアに誘導できます。App StoreやGoogle Playに登録しているアプリのアイコン画像と説明を取り込んで表示したり、アプリストアでの★やレビューの数なども表示されます。

　リードジェネレーションカードは、セミナーの参加者募集やメールマガジンの登録など、見込み顧客（リード）のリストを集めたいときにおすすめです。ユーザーが「登録」ボタンをクリックすると、そのユーザーの名前とアカウント名、メールアドレスが広告主側に共有されます。

　Twitter広告のアカウントを開設すると、ウェブサイトカードが通常のツイートでも無料で使えるようになります。Twitterをビジネスで使う可能性があるなら、広告を利用するか否かにかかわらず、広告アカウントを開設しておくことをおすすめします。

図表02-03　アプリのダウンロードを促進できる「アプリカード」

画像や動画を使った豊かな表現

　Twitter広告は、文章だけでなく、画像、ギャラリー（複数の画像）、GIF画像、Vine、YouTubeの動画や、すでにTwitterへアップロード済みの動画なども活用できます。

　Twitter広告では、動画を使った「プロモビデオ」が増えています。動きのある動画はやはり圧倒的に訴求力が高くなるためでしょう。スマートフォンでも動画は自動再生となるため、見られる割合はさらに高くなるはずです。プロモビデオの課金方式は再生数ごとで、リンクの設定も可能です。

図表02-04　広告でも通常のツイートと同様に画像や動画などを使える

Twitterで可能なターゲティング

　Twitter広告では、さまざまなターゲティングが可能です。ある特定のアカウントのフォロワーに広告を配信するフォロワーターゲティング、ユーザーの興味関心に基づいて広告を出したいならインタレストターゲティングを行います。また、ユーザーがTwitterでツイートや検索したキーワードをもとにしたキーワードターゲティング、ユーザーが存在するエリアを指定する地域ターゲティングなども可能です。

　さらにテイラードオーディエンス（※）では、自社で保有しているメールアドレスのリストなどを使って特定のユーザーをターゲティングしたり、自社サイトにアクセスしたことのある人に再訪問を促す「リマーケティング」も可能です。Twitter広告の管理画面からメールアドレスのリストをアップロードしたり、自社サイトでユーザー行動を計測するための「タグ」を生成し、サイト訪問者のデータを蓄積して、そのリストに対してターゲティングを行うことができます。

※テイラードオーディエンスは、一部の画面上で「カスタムオーディエンス」と表記されていることがあります。

 ## 広告の成果測定

タグを使ったトラッキング

　ネット広告では、広告を掲載したら終わりではなく、広告を掲載したあと、どのような反応が得られたかを追跡（トラッキング）することができます。Twitter広告では「ユニバーサルウェブサイトタグ」という計測用のタグを使います。

　このタグによって、TwitterクッキーID、タグがロードされた時間、ブラウザのIPアドレス、ウェブサイトタグID、ページのURL（リファラー経

由）や、注文数、販売実績額などを収集し、次の目的に活用することができます。

コンバージョンイベントのトラッキング

インプレッション（広告の表示）からコンバージョン（成果）につながるアクションまで、デバイスを横断してユーザー行動を把握する。

リマーケティング用のオーディエンス構築

サイト訪問履歴を収集してテイラードオーディエンスを設定し、ウェブとモバイルの両方でリマーケティングする。

広告配信の最適化

ユーザーのエンゲージメント（クリックや「いいね」など）をもとに、広告配信を自動的に最適化する。

コンバージョンの測定手順

　ここで、コンバージョンイベントのトラッキングの設定手順を簡単に説明しておきましょう。マーケティングの世界では、購買の可能性のある「見込み顧客」が実際に購買などのアクションをすることによって「顧客」に変化することを「コンバージョンする」と言います。広告を通じて自社サイトへ誘導することが目的の場合、ユーザーがサイトにやってきたら、それがコンバージョンになります。「成果」と言い換えてもいいでしょう。

　「購買」や「サイト訪問」などのユーザー行動は、サイト上では「イベント」として計測されます。計測前には、次の手順で準備をしておきます。

①**タグを発行する**

　Twitter広告の管理画面で、タグのコードを入手する。

②**自社サイトにタグを設置する**

　発行したタグを自社サイトのHTMLファイルに追加する。

③**コンバージョンイベントを設定する**

　Twitter広告の管理画面で、計測するイベントの設定を行う。

④**計測を開始する**

　タグを設置してから1週間ほど経過すると、Twitter広告の管理画面でコンバージョン数などが閲覧可能になる。

　タグの設定について、詳しくは7章を参照してください。

オークションの仕組み

　Twitter広告の費用はオークション形式で決まります。ネット広告におけるオークションでは、フォローやクリックといった、広告主が獲得したいユーザーのアクションに対して入札額を提示します。たとえば、プロモアカウントでフォロワーを増やしたいとき、1件のフォロワーを獲得したときにいくら支払うかを設定します。

　広告主が設定した広告キャンペーンが表示される条件を満たすと、そのつど同じように条件を満たす他のすべての広告主との間で瞬時にオークションが行われます。このとき、広告が表示されるか否かを決める要素は入札額だけではありません。同じ入札額でも、クリック率が高い広告がより多く表示されやすくなる仕組みになっています。

$$クリック率 = \frac{広告がクリックされた回数}{広告の表示回数（インプレッション数）}$$

図表02-05　クリック率

　オークションはすべて自動で行われるため、広告主は事前にいくつかの項目を設定するだけです。

入札方法と入札額はどうやって決まる？

　オークションでは、入札の方法や入札額も重要な要素になります。Twitter広告の入札方法は、「自動入札額」「上限入札単価」「目標コスト」の3種類があります。

　自動入札額は、広告がより多く掲載されるように、最適な入札額がオークションごとに自動的に設定されます。

上限入札単価は、広告主が目的とするフォロー、リード、クリックなどに対して、いくらまで支払ってもいいかという上限額を自分で設定する仕組みです。ただし、一般的に支払う金額はこれより安くなります。落札できるのは1番高い価格をつけた広告主ですが、支払う金額は2番目に高い価格をつけた広告主が設定した価格より1円高い金額を支払うだけで済みます。この方式は「セカンドプライスオークション」と呼ばれます。

　目標コストは、目標とするCPLC（リンククリック単価）や、CPL（リード単価）、CPF（フォロー単価）を提示すると、その平均額が達成できるように入札額が最適化されます。

▶おすすめの入札方式

　Twitter広告の初期設定では自動入札額になっています。そのままでは広告の表示回数を増やすために入札額が若干高くなる可能性があるため、本書では、上限入札単価または目標コストをおすすめします。

　中でもおすすめなのは目標コストです。いくらクリック率が良くても、入札額が低すぎる場合、より高く設定している他社の広告が表示されてしまいます。指定した入札額と平均CPLCなどが等しくなるように入札の調整が行われるので、効率的に成果を上げることができます。目安となる入札額は3章の43ページで紹介しています。

広告の目的と成果と課金方式

Twitter広告では、広告を掲載する「目的」、獲得したい「成果」、その結果必要となる「広告費用」はセットで考えます。まず、「何を実現したいのか」という目的がスタート地点になります。

Twitter広告の「目的」

「自社アカウントのフォロワー数を増やしたい」が目的なら、その成果は「フォローしてもらうこと」です。広告費用はフォロー1件ごとに発生します。「自社サイトへ誘導したい」ということが目的なら、成果は「広告をクリックしてサイトへ移動してもらうこと」であり、費用はリンクのクリック1件ごとに発生します。

リンクのクリック1件ごとに広告費用が発生する課金方式を「CPLC（リンククリックあたりのコスト）」などと言います。ネット広告にはこうした略語が多く登場するのでそれらを少し整理しておきましょう。以下の表で紹介している「目的」は、Twitter広告の設定項目として表示されるのでおぼえておきましょう。

目的	成果	課金方式
フォロワー	フォロー	CPF（フォローあたりのコスト）
ウェブサイトへの誘導数またはコンバージョン	リンククリック	CPLC（リンククリックあたりのコスト）
ツイートのエンゲージメント	エンゲージメント	CPE（エンゲージメントあたりのコスト）
アプリのインストール数または起動回数	アプリのクリック	CPAC（アプリクリックあたりのコスト）
	アプリのインストール	CPI（インストールあたりのコスト）
見込み顧客	リード	CPL（リードあたりのコスト）
動画の再生数	動画の再生	CPV（再生あたりのコスト）

図表02-06 キャンペーンの目的・成果・課金方式

Twitter広告の課金方式

1人のユーザーがリツイートしたうえで、リンクをクリックするなど、複数のエンゲージメントが発生する可能性がありますが、課金対象となるのは最初のエンゲージメントのみです。

▶CPF（フォローあたりのコスト）

自社アカウントへのフォローに対して課金されます。つまりフォローを1件獲得するために必要な金額です（フォロー単価）。キャンペーンの目的で「フォロワー」を選択したキャンペーンの課金方式です。

▶CPLC（リンククリックあたりのコスト）

外部サイトへのリンクがクリックされたことに対して課金されます（リンククリック単価）。キャンペーンの目的で「ウェブサイトの誘導数またはコンバージョン」を選択したキャンペーンには、この課金方式が設定されます。

図表02-07 キャンペーンの目的を設定するメニュー

図表02-08 エンゲージメントとは、ユーザーからのアクションすべてを含む

▶ **CPE（エンゲージメントあたりのコスト）**

　広告へのエンゲージメントに対して課金されます（エンゲージメント単価）。キャンペーンの目的で「ツイートのエンゲージメント」または「その他」を選んだ場合に適用されます。

　エンゲージメントとは、ツイート上で発生した「クリック」「いいね」「リツイート」「返信」「フォロー」の総数を指します。つまりユーザーから何らかのアクションがあったらすべて「エンゲージメント」に含まれます。

▶ **CPAC（アプリクリックあたりのコスト）**

　広告をクリックして、ユーザーがApp StoreやGoogle Playへ移動したり、アプリを起動すると課金されます（アプリクリック単価）。キャンペーンの目的で「アプリのインストール数または起動回数」を選択した場合に適用されます。それ以外の反応（リツイートや「いいね」、フォローなど）は課金対象外となります。

▶ **CPI（インストールあたりのコスト）**

　広告をクリックし、アプリのインストールが行われた時点で課金されます（インストール単価）。キャンペーンの目的で「アプリのインストール数または起動回数」を選択したキャンペーンは、この課金方式か「CPAC」のいずれかを選ぶことができます。それ以外のリツイートや「いいね」、フォローなどは課金対象外です。

　この課金方式を選ぶ場合は、Twitterが提供するアプリインストール測定ツール「answers」などのコンバージョン測定サービスの利用が必要です。導入していない場合は設定できません。

▶ **CPL（リードあたりのコスト）**

　見込み顧客(リード)を1人獲得したことに対して課金されます(リード単価)。それ以外のリツイートや「いいね」、フォローなどは課金対象外となります。

▶ **CPV（再生あたりのコスト）**

ユーザーが動画を閲覧したことに対して課金されます（再生単価）。端末の画面内に動画が完全に表示された状態で3秒以上再生された場合、全画面表示、またはミュート解除などのクリック操作のいずれかを行うとカウントされます。それ以外のリツイートや「いいね」、フォローなどは課金対象外です。

課金対象としてカウントされるパターンは以下のとおりです。どちらのパターンも、2つのタイミングのうち早いほうがカウントされます。

▶ **Aパターン**

- 動画面積がタイムラインに100％表示されてから、3秒経過したタイミング
- 3秒以内に動画がクリックされたタイミング

▶ **Bパターン**

- 動画面積がタイムラインに50％表示されてから、2秒経過したタイミング
- 3秒以内に動画がクリックされたタイミング

Twitter広告は、ユーザーのリツイートでプロモツイートが拡散され、その先で課金対象のアクションが発生しても課金されません。つまり、**リツイートされればされるほど、目的を達成するためにかかる1件あたりの費用が下がっていく**ことになります。広告の内容を考えるときは、こうしたポイントも頭に入れておきましょう。

見込み顧客（リード）とは

　企業は自社製品を知らない人に広告でメッセージを伝えて知ってもらう必要があります。そのとき、興味を持った製品についての資料をダウンロードしてもらうよう促します。ダウンロードした人は製品に興味を持っている「見込み顧客」となります。

　多くの場合、ダウンロードの前に、会社名や業種、役職名、連絡先などを入力する画面が表示され、情報を入力してからダウンロードに進みます。これによって、企業はその製品をどんな人が興味を持っているのかを知ることができます。こうした情報は「リード（Lead）」と呼ばれます。営業担当者は獲得したリードをもとに、さらに製品の情報を提供して、見込み顧客から本当の顧客になってもらうための活動を展開します。

アカウント開設から広告運用までのフロー

　Twitter広告を掲載するまでには、いくつかの手順が必要です。自社でアカウントを開設し、専用の広告管理画面で設定を行うこともできますし、広告代理店などに運用を依頼することもできます。本書では、前者のセルフサービス式での広告運用について解説します。

　Twitter広告を使って広告キャンペーンを展開する前に、実施する目的、獲得したい成果の内容、予算、広告を配信する期間などを決めておきましょう。こうした枠組みを決めておくことで、いつまでに目標を達成しない場合、さらにターゲティングの配信を広げる、あるいは広告キャンペーンを終了するといった判断が可能になります。ここでは、おおまかな広告運用のフローを紹介します。

1	事前準備・確認	アカウントの開設、タグの設定
2	目標選択	キャンペーンの目標設定
3	ターゲティング	何をもとにターゲティングするかを設定
4	クリエイティブ作成	表示される広告の文章、画像、リンクなどを用意
5	広告掲載開始	入札方式、入札額などを設定して、広告掲載をスタート
6	成果測定・分析	広告によってどのような反応が得られたか、成果を測定・分析
7	最適化	分析結果をもとに、目標を達成できるよう調整

図表02-09　Twitter広告の準備から運用までのフロー

各ステップで行う内容を、ひととおり確認しておきましょう。

①事前準備・確認

　Twitter広告を利用するには、Twitterにログインしたあと、Twitter広告を利用するためのアカウントを作ります。Twitter広告サイト（https://ads.twitter.com）にアクセスして、Twitter広告のアカウントを作成しましょう。アカウントの開設は無料です。

②目標選択

　ここからは広告管理画面にログインしてTwitter広告の設定を行います。まず、広告を掲載する目的や獲得したい成果を具体的に設定します。

③ターゲティング

　続いて、何をもとにターゲティングを行うかを設定します。興味関心、アカウント、キーワード、イベント、地域や言語、性別、デバイスも選択可能です。

④クリエイティブ作成

　タイムラインに表示される広告の内容（クリエイティブ）を作成します。あらかじめコピーなどの文章、画像もしくは動画などを用意し、広告設定画面でリンク先や利用するカードの種類などを設定します。

⑤広告掲載開始

　続いて、入札方式の選択、入札額の設定、予算額の設定を行います。この設定を完了すると、いよいよ広告配信が開始されます。

⑥成果測定・分析

　広告配信が始まったら、どのような反応があるかを確認します。Twitter広告では管理画面で広告キャンペーンの成果をグラフなどを通して確認できます。

⑦ 最適化

　ユーザーの反応を確認したら、キャンペーンで達成したい目標が実現可能かを見極め、必要に応じて対応を行います。具体的には、クリエイティブの追加・修正、入札額の再検討、新たなターゲットの設定、訴求内容の追加・修正などの最適化を図ります。さらに、季節に応じたトピックの追加、追加施策としてユーザー特典を提供することなども検討しましょう。

セルフサービス式Twitter広告

　2015年11月より、セルフサービス式Twitter広告の提供がスタートしました。その名のとおり、広告主が自ら出稿・管理する広告です。これまでは、代理店などを経由して広告を出稿する必要がありました。しかし、代理店経由の場合は、最低出稿金額の制約があり、代理店に支払う手数料も必要です。セルフサービス式Twitter広告によってそれらは必要なくなり、中小企業などの法人・個人事業主や個人でも利用しやすくなったのです。

セルフサービス式Twitter広告の10の特徴

　セルフサービス式Twitter広告には、さまざまなメリットがあります。その主な特徴は以下のとおりです。

▶セルフサービス式Twitter広告の10の特徴

1. オンラインで簡単にアカウント開設
2. 広告主がセルフサービスで出稿管理
3. 写真、動画など多様なクリエイティブが使える
4. PCだけでなく、スマートフォンやタブレットでも設定可能
5. 決済はクレジットカード
   （Visa／Master／JCB／American Express）
   ※デビットカード、プリペイドカードも可
6. 事前入金や最低出稿金額はなし
7. 予算の上限設定が可能
8. クリックもしくはダウンロードなどの成果ごとに課金
9. 法人・個人事業主・個人が利用可能
10. メールでの個別サポート対応

一番のポイントは、「広告主が自身で出稿管理できる」「事前入金や最低出稿金額はなし」「予算上限を設定できる」「決済はクレジットカード」となったため、中小企業や個人事業主でも手軽に広告が出稿できるようになった点です。予算が限られていても工夫次第で効率的に配信できます。

　同時に、スマートフォンやタブレットでも広告配信設定が可能になりました。Twitter広告を配信していてクリック率などが高かった場合、PCを開くことなく、スマートフォンからさらに予算を追加するなどの微調整ができます。こうした素早い対応によって、ユーザーの反応を逃さずにとらえることができるはずです。

　大企業などではブランドイメージを高めるために広告を掲載することが多いですが、中小企業の場合は少ない広告予算でどれだけ売上を上げるかが重要です。本書は、セルフサービスでは心細いという方も迷わずに出稿でき、成果をアップしていくのに役立つヒントをたくさん紹介します。

↗ **Twitter広告** 運用ガイド

CHAPTER 03

広告の出稿計画を考える

広告キャンペーンとは

　Twitterにおける広告キャンペーンとは、Twitter広告を利用して自社の商品・サービスなどに興味を持つ可能性が高いユーザーにメッセージを伝えたり、サイトへの誘導やフォローといったアクションを喚起することです。広告キャンペーンを始める場合は、まず目的や広告予算、訴求内容などを決め、Twitter広告の管理画面で設定を行います。

　この章で広告キャンペーンの考え方を理解し、4章以降で具体的な設定手順を学びましょう。

キャンペーンの目的

　広告を掲載するとき、広告主は何らかの目的を持っているはずです。たとえば、「Twitterアカウントを開設したので、フォロワーを増やして多くの人に情報を届けたい」「広告をクリックして、新製品紹介ページを訪れてほしい」などです。

　Twitter広告の管理画面では、以下のように目的の設定から始まります。それぞれの内容について説明しましょう。

図表03-01　キャンペーンの目的を設定する

フォロワー：ユーザーが自社アカウントをフォローすることによって、そのユーザーから長期にわたるエンゲージメント（クリックや「いいね」など）を獲得できる可能性が得られます。そこからさらに購入や拡散が期待できます。

ウェブサイトの誘導数またはコンバージョン：ウェブサイトのクリックやコンバージョン（サイト上で獲得できる最終的な成果。商品購入、資料請求、会員登録など）を増やしたい場合は、キーワード、興味関心、地域などでターゲティングし、ユーザーをウェブサイトに誘導しましょう。

ツイートのエンゲージメント：ユーザーに「いいね」やリツイートをしてもらうことで、リーチ（ユーザーにメッセージを届けること）を広げたり、認知度を高めることができます。セール情報や新サービスの告知など、幅広く知らせたい内容をツイートに盛り込むといいでしょう。

アプリのインストール数または起動回数：モバイルアプリプロモーション（MAP）によって、アプリのインストールや、既存ユーザーによるエンゲージメントを促進できます。

見込み顧客：「リードジェネレーションカード」を使うと、たった2回のクリックで見込み顧客の情報（リード）を入手することができます。

動画の再生数：動画を使った、よりリッチな表現で商品・サービスの訴求を行います。ユーザーのタイムラインに動画が表示されると、クリックやタップされなくても自動的に再生されます。ただし、音声はユーザーが操作するまで流れない（ミュート）ようになっています。

↗ 出稿計画の際に決めておくこと

広告を出稿する前に、目標や予算など決めておきたいことがあります。これらが定まっていないと、広告出稿した際の成否がわかりにくくなり、次の一手が打ちづらくなってしまいます。必ず事前に決めておきましょう。

目標

ビジネスの目的に合わせて目標（ゴール）を設定しましょう。代表的なものとしては「フォロワーを増やす」「サイトのアクセス数と売上を伸ばす」「アプリのダウンロード数や起動回数を増やす」「ブランドの認知度を高める」などがあります。それぞれ、具体的な数値目標を立てておきましょう。

予算

目標を達成するために、どのくらいの広告予算を用意するかを決めます。Twitterでは、各広告キャンペーンごとに、総予算と1日の上限予算金額を決めることができます。

予算を考える目安として、次のような計算をしてみましょう。たとえばサイトでの購入をゴールとする際、サイト訪問時の購入率が2%なら、1購入あたり50件のリンククリックが必要になります。その前提で30購入をゴールとするなら1500クリックが必要です。リンククリック単価を平均の70円と想定すると、70円×1500クリック＝10万5000円が必要ということになります。このような計算によって大まかな予算金額を出すことができます。

期間

広告を配信する期間を決めます。Twitter広告の初期設定では、新しく設定したキャンペーンはすぐに開始され、継続的に実施されるようになっています。配信が開始されたら、キャンペーンを手動で停止するか、予算の上限に到達するまでキャンペーンが継続されます。

開始日と終了日を決めて、特定の期間だけキャンペーンを行うこともできます。セールや期間限定サービス、イベント、季節などに合わせて設定しましょう。

ターゲット

Twitter広告では、自社アカウントのフォロワー以外に広く広告を配信できます。自社の商材やサービスに興味を持ってくれる可能性が高いユーザー像をあらかじめ明確にして、具体的なターゲティングの設定に落とし込んでいきます。

KPI

キャンペーンの目標によって、クリック数とフォロー数、どちらの指標を重視するかが変わります。**KPI**とは「重要業績評価指標（Key Performance Indicators）」のことで、広告キャンペーンで重視する指標を指します。Twitter広告におけるKPIの判断基準については、以下の表を目安に自社のビジネスに合わせてKPIを決め、必要なコストを出しておきましょう。

表中の「ウェブサイトへの誘導またはコンバージョン」を見ると、ユーザーが広告のリンクを1回クリックしたときに必要な広告費「CPLC（リンククリックあたりのコスト）」は、60～80円ほどが平均的な金額になります。クリック率は0.2～0.4%が平均で、0.5%以上が理想的な数値です。

目標	コスト	クリック率
ウェブサイトへの誘導またはコンバージョン	CPLC（リンククリック単価）=60～80円程度	平均0.2～0.4%程度 0.5%以上が理想
モバイルアプリ訴求（MAP）	CPAC（アプリクリック単価）=60～80円程度	平均0.2～0.4%程度 0.5%以上が理想
フォロワー増加	CPF（フォロー単価）=80～120円程度	平均0.1～0.3%程度 0.3%以上が理想
エンゲージメント	CPE（エンゲージメント単価）=10～30円程度	平均1.0～3.0%程度 4.0%以上が理想

図表03-02　KPIの判断基準
（商材や訴求内容、設定によって変動します）

同様に、「フォロワー増加」を見ると、フォロワー1人を獲得するのにかかる費用「CPF（フォローあたりのコスト）」は80〜120円程度、クリック率は0.1〜0.3％程度が平均で、0.3％以上が理想的となっており、目標によって数値が異なる点に注意が必要です。

> **「CPA」「CVR」とは** COLUMN
>
> 「CPA」は「Cost Per Acquisition」または「Cost Per Action」の略で、「顧客1人を獲得するのにかかったコスト（顧客獲得単価）」「ユーザーのアクションを獲得するのにかかったコスト（アクション単価）」を表します。
>
> 「CPAを重視する」と言う場合、リンククリック、フォローといったユーザーのアクションやリードなどを獲得するコスト全般を抑えることを重視して広告を配信するという意味で使われます。広告主はできるだけこうしたコストを下げつつ、多くの人に広告を見てもらえるように広告を運用し、売上向上につなげていくことになります。
>
> また、「CVR」は「Conversion Rate」の略で、コンバージョン率、すなわち、サイト訪問数や広告のインプレッション数でコンバージョン件数を割ったものになります。効率的に成果を上げているかを見るときの指標として使われます。

 広告を見てほしい人を明確にする

ターゲットをイメージする

　Twitter広告は、ユーザーの興味関心に合わせてターゲティングすることで、その効果を発揮します。そのときに大切なのは、ターゲットとしたい人がどのような興味関心を持っているかを、どれだけ具体的にイメージできるかです。

　担当者1人だけではアイデアに限界があるので、同僚に協力してもらい、社内で顧客のイメージを出せるだけ出してみましょう。ブレーンストーミングのようなかたちで、自社の商品やサービスについて理解している社員が何人か集まってざっくばらんに意見を出し合うことで、かなりの情報を集めることができます。

　その際、どのような人がどのような理由でこの商品やサービスを使うのかを、具体的に挙げていきます。共働きの夫婦なのか、独身で働いている女性なのか、小さい子どもがいるのか、いるとしたら幼児なのか、小学生なのか。できるだけ多くのイメージを収集することが大切です。

　さらに既存顧客を集めて話を聞く機会が持てるなら、ベストです。ぜひ実施してみましょう。

総合小売店のECアプリのターゲティング

　たとえば、家電製品、おもちゃ、書籍、携帯電話、カメラ、アウトドア用品、DIY用品などを販売している総合小売店のECアプリの場合、次のようなターゲットが考えられるのではないでしょうか。

▶総合小売店のECアプリのターゲット
1. 子どものおもちゃを探しているパパ・ママ
2. 日用品を買いそろえたい共働き夫婦
3. 買物が面倒だと思っている男性
4. ゲームファン
5. フェス大好きアウトドア女子
6. 最新の美容情報に興味があるOL
7. 音楽が趣味の経営者
8. 日曜大工が趣味のマイホームパパ
9. スマホ・PCなどのガジェット好き
10. 読書が趣味の学生

　実際に広告を掲載する場合には、同じ特性を持つユーザーのグループを指定してターゲティングすることになります。このグループをセグメントと言います。
　たとえば、Twitterユーザーを性別で区別すれば「男性」と「女性」というセグメントに分けることができます。
　「買物がめんどくさい独身男子」にターゲティングする場合は、「男性」というセグメント、さらに「独身」というセグメントに属するユーザーに広告を配信することになります。「まずはできるだけ多くイメージを出すこと」と説明したのは、ユーザー像をさまざまな視点から検討し、可能性のあるターゲットを探すためなのです。
　今回はユーザー像を10個リストアップしました。広告キャンペーンを行う際には、ここから3つほど選んでターゲティングしましょう。ただし、Twitter広告の管理画面には「パパ／ママ」「美容大好き」といった設定項目はありません。こうしたユーザーにターゲティングするためには、パパ／ママ向けニュースサイトのアカウントや美容情報を発信しているアカウ

ントを探してターゲティングするというように、Twitter広告のターゲティングにふさわしいかたちに落とし込んでいく必要があります。

　効果の高いターゲットユーザーが見つかったら、類似の特徴を持つユーザーを探して広げていきましょう。ターゲットを絞り込んだり、広げていくことで広告キャンペーンを最適化し、より良い成果を得ることができます。

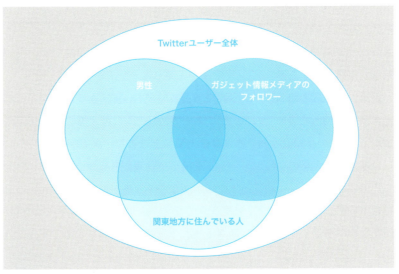

図表03-03　セグメントに分けることでターゲットを絞り込む

運用にかかる手間を軽減するには

最初はスモールスタートで

　Twitter広告を設定して掲載を開始するには、30分もあれば十分です。広告を掲載し始めたら1週間程度は毎日、広告管理画面にアクセスして成果の確認や微調整をしますが、かかる時間は1日5〜10分程度です。良い結果が出始めてきたら、週1回程度様子を見れば十分でしょう。

　効果の高い広告のパターンがわかったら継続し、ターゲットに対する広告表示が一巡したら、1か月ごとにターゲットを入れ替えるなどの対応によって、少ない手間と時間で効果を最大限に上げることができるはずです。

　最初から、大量のクリエイティブを使って効果があるかをテストしながら高いコンバージョン率を追求するようなキャンペーンをやろうとするよりも、まずは小さく始めて、効果を見ながら、徐々に規模を大きくしたり、新たなターゲティングを試してみるといったやり方がおすすめです。自分

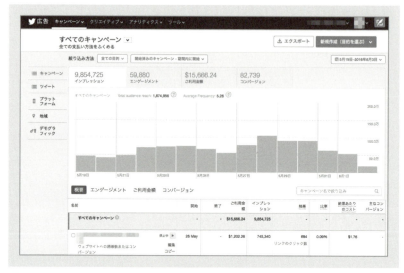

図表03-04　キャンペーンの成果は広告管理画面で確認できる
　　　　　（この画面では金額がドル表示になっていますが、実際には日本円で表示されます）

がかけられる時間や手間などを考えて、無理のない広告キャンペーンを設計しましょう。ノウハウを蓄積していけば、急遽実施が決まったキャンペーンでも、あわてずに運用できる対応力も身につきます。

広告と通常のツイートの併用

　Twitterを使うのも広告を配信するのもはじめてという場合、アカウントを作ると、「広告配信時以外も通常のツイートを続けなければならないのか」と疑問を持つ方もいるでしょう。ツイートするネタがない場合は運用に困るとアカウント作成を躊躇する場合もあるようです。

　通常のツイートは、ユーザーとの会話を生み出し、「今は買わないけれど購入検討中の層」に対して費用をかけずにアプローチすることが可能なため、行った方がいいことは確かです。購入検討期間が長い商材（旅行、求人、法人向けビジネス、不動産、ギフト等）の場合、購入タイミングまでのコミュニケーションを継続することで、関係性を深めることができます。

　ツイートの担当者は、日常的にTwitterを使っている人やソーシャルメディアに慣れている若い人ほどスムーズに運用できます。そういう人が見つかったら、ルールを決めて任せてもいいかもしれません。

期間限定のキャンペーンアカウント

　一方で、通常のツイートを月1回程度に抑えたり、まったくツイートをせずに広告だけ配信して成果を上げている場合も多くあります。アカウントの運用が心配なら、まずは一定期間だけ運用する「キャンペーンアカウント」として開設するのがおすすめです。

　プロフィールやアイコンはわかりやすいものにして、一目でどの企業、あるいはどの商品・サービスのアカウントかわかるようにします。プロフィールはユーザーに見られる可能性が高いため、公式サイトやキャンペーンサイトへのリンクをはっておき、「これは期間限定のキャンペーン用アカウントです」などと明示しておきましょう。

広告の基本的なルールを守ろう

　ネット広告では、日頃、お客様に接するのと同じように誠実な訴求や対応を心がけましょう。たとえば、プレゼントキャンペーンを実施したとき、プレゼントの写真と実際が異なっていた場合は、炎上につながる可能性があります。

　その他に問題となるのは、広告をクリックしたときに表示されるページの内容やトーンが広告と異なる場合、さらには薬機法（旧薬事法）や景表法などの違反、著作権・肖像権の侵害、性的な表現が含まれる場合などです。配信前に必ず確認してください。

　内容に問題のある広告を配信することは、Twitterそのものや広告の信頼性を損なうことにもつながるため、Twitter広告ポリシーにあらかじめ目を通しておきましょう。著しいTwitter広告ポリシーの違反があった場合は、それ以降、そのアカウントから広告出稿ができなくなることもあります。

　自社が属している業界の団体、取り扱っている商品の業界団体などがガイドラインを公開している場合もあります。また、化粧品を扱うなら「薬機法」、通信販売を行っているなら「特定商取引法」のように、広告に関する規定を設けて消費者を保護する法律もあります。広告の内容や表現を考えるときには、取り扱う商材に関わるものだけでもよいので、こうした資料をチェックしておきましょう。

- Twitter広告ポリシー
  https://support.twitter.com/articles/20170346?lang=ja

- 広告倫理綱領
  （日本広告業協会）
  http://www.jaaa.ne.jp/about/about5/

- インターネット広告倫理綱領及び掲載基準ガイドライン
  （日本インタラクティブ広告協会）
  http://www.jiaa.org/download/JIAA_rinrikoryo_keisaikijyun.pdf

- 医薬品、医療機器等の品質、有効性及び安全性の確保等に関する法律
  （薬機法）
  http://law.e-gov.go.jp/htmldata/S35/S35HO145.html

- 不当景品類及び不当表示防止法（景表法）
  http://law.e-gov.go.jp/htmldata/S37/S37HO134.html

図表03-05　広告におけるルールを定めた文書の例

稟議書・企画書の書き方

「Twitter広告を使ってマーケティングの成果を上げたい」と心に決めたあなたを待ち受けているのは、社内で了承を得るための稟議書なのではないでしょうか。ここでは、上司を説得するための稟議書の書き方について、例文を示しながら紹介します。

Twitterを使った広告運用にはじめて挑戦する場合、どのような効果やメリットを自社のビジネスにもたらすのかをわかりやすく伝える必要があります。また、炎上を心配する声もあるかもしれません。稟議書では以下の項目に対して、自社ビジネスに合った仮説や検証を記述し、想定される質問に答えられるようにしましょう。

では、1つずつ稟議書に盛り込む内容を説明していきます。

稟議書

1) Twitterとは／Twitter広告とは／ユーザーの特徴
2) メリット
3) 仮ターゲット／仮クリエイティブ
4) 予算と想定効果
5) 想定メンテナンスとリソース
6) 撤退・拡張のルール
7) 実施までのスケジュール
8) その他の疑問

図表03-06 稟議書に盛り込む内容

1）Twitterとは／Twitter広告とは／ユーザーの特徴

「そもそもTwitterって何？」という人のために、TwitterやTwitter広告の基本的な説明、Twitterユーザーの特徴について紹介します。ユーザーに関する調査データは本書の1章を参考にしてください。

2）メリット

自社の商品・サービスのターゲット、ビジネスにおいて実現したいことなど、パターン別にTwitter広告を使うメリットをまとめます。以下の例文を組み合わせて、文章を作成してください。

◎10〜20代の若年齢層がターゲットなら…
- 10〜20代においてTwitterのスマートフォンにおける時間占有率は3位
- 情報収集にほぼTwitterしか使わない層も多く、新規顧客を獲得する場として最適

◎他のネット広告で頭打ちなら…
- リスティング広告との重複が少ないため新規顧客を獲得しやすい
- Twitterはユーザー成長率が高いため、今までに接触できなかった層にリーチできる

◎商品力に自信があるなら…
- 適切なユーザーに届けば、知名度がなくても「こんないい商品があったとは」と拡散につながる。ユーザー間で拡散された分は無料

◎ビジネスパーソンがターゲットなら…
- 30代以上のアクティブなユーザーが多い
- セミナー集客やリード情報など、導入前のステージで獲得できている事例が多い

◎すでに他のソーシャルメディア広告を実施中なら…
- すでに他のソーシャルメディア広告で成功している場合、Twitterは重複率が低いため、さらに新規顧客獲得できる可能性が大きい

◎まだネット広告をやっていなければ…
- 通常の広告ではなかなか測定できない効果を細かく検証できる
- 最低出稿金額がないので少額から安心して試せる

◎マーケットがニッチなら…
- 細かくターゲティングできるので、ターゲットに合致しやすく、無駄の少ない広告出稿ができる

◎リスティング広告のCPCやCPAが高くなっているなら…
- 競争の激しい業界でも平均で70円程度とクリック単価が安い
- クリック率の高い広告では20〜30円の場合も多い

◎モバイルアプリを商材として持っているなら…
- Twitterのアプリ訴求広告であればCPI（インストール単価）は100円程度から、ゲームでも300〜500円程度で可能
- 1日4000〜5000インストール程度の事例が多い

◎ECサイトを運営しているなら…
- カゴ落ち（商品をカートに入れたまま、未購入の状態）した人にリマーケティングの1チャネルとして活用できる
- タグを使ってECサイト訪問者のうち、未購入者を把握できる
- RFM（※）上位者の類似ユーザーをリストアップしてターゲティング可能

※RFM分析：「最後に購入した日（Recency）」「購入頻度（Frequency）」「累計購入金額（Monetary）」の3つの指標で顧客を並べ替えて分類すること。すべてが高い優良顧客の類似ユーザーをねらうことで、新規の優良顧客が得られる可能性がある。

◎すでにアカウントを運用しているなら…

- 通常ツイートのうち、反応の良いツイートや画像をそのまま広告で使えるので、「すでにテスト済み」のクリエイティブを使うことができる

3) 仮ターゲット／仮クリエイティブ

イメージをつかみやすくするために、仮で作成したターゲットの概要とクリエイティブを入れておきましょう。ターゲティングとクリエイティブについては5章と6章を参照して作成してください。

4) 予算と想定効果

広告予算の概算と想定される効果を入れます。具体的な広告予算の見積については、本章の43ページを参考に計算し、得られる成果を具体的に記しておきます。

5) 想定メンテナンスとリソース

メンテナンスに手間や人的リソースがかかりすぎると敬遠されてしまいます。Twitter広告をセルフサービスで運用する場合の一般的な作業イメージについては、本章の「最初はスモールスタートで」（48ページ）で説明しています。

効果を高めるためにはクリエイティブの改善、ターゲティングの仮説・検証を地道に繰り返すことが大切です。Twitter Japanでは運用の支援も行っているので、サポートスタッフに問い合わせることで、より良い打開策が見つかるかもしれません。

6) 撤退・拡張のルール

撤退のルール（3か月後にクリック単価が○○円まで下がらなかったら出稿を止める）や、拡張のルール（結果が○％以上増加したら出稿を継続、広告予算を○万円アップなど）を決めておくといいでしょう。

7）実施までのスケジュール

予算の承認からスタートまでの、現時点で想定されるスケジュールを入れておきます。

8-1）上司の疑問①「普通のツイートでいいのでは？」

最後に、上司から出るであろう反論や疑問に答えられるよう準備をしておきましょう。まず考えられるのは、「無料でアカウントを開設して、普通にツイートするだけじゃダメなの？」ということではないでしょうか。

広告によって得られるリーチは、数万から数百万規模に及びます。何も施策をせずにそれだけの露出をすることは通常難しいでしょう。オーガニックで（何も施策をせずに、自然に）数年かけて増やしたフォロワー数を、広告を配信して得られたフォロワー数が数倍上回ったというケースもよくあります。

広告を配信することで、無料で運用しているときには実現不可能な大きな成果が得られることを上司に伝えて、判断してもらうといいでしょう。

8-2）上司の疑問②「炎上するのでは？」

企業によっては、Twitter上でネガティブな反応が一気に高まる炎上を恐れている場合も多いようです。注意が必要なことは言うまでもありませんが、炎上を警戒しすぎる必要はありません。

お店のスタッフがお客様に接客するイメージでTwitterを使えれば大丈夫です。良くない結果をもたらすのは、お客様からのネガティブな意見に対して、ごまかしや言い訳などの対応をすることです。ユーザーの体験が事実であれば、その点を真摯に受け止めたうえで、しっかりと話を聞くことです。もし、自社の対応や商品・サービスに問題があった場合は、誠実に謝罪するのがおすすめです。

Twitter広告 運用ガイド

CHAPTER 04

広告管理画面の使い方

ユーザーアカウントの開設

Twitter広告を始めるには、Twitterを使うための**「ユーザーアカウント」**と、Twitter広告を運用するための**「広告用アカウント」**の2つが必要です。すでにユーザーアカウントを持っている場合は、この項を飛ばして64ページの「広告用アカウントの設定」へ進んでください。

ユーザーアカウントは、PCでTwitterにアクセスするか、スマートフォンでTwitterアプリをダウンロードし、手順に沿って登録すれば無料で開設できます。ここではPCの画面をもとに説明します。

まず、https://twitter.comにアクセスして「アカウント作成」をクリックします。

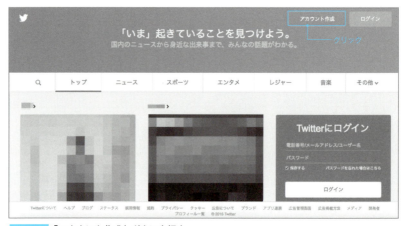

図表04-01 「アカウント作成」ボタンを押す

入力欄にそれぞれ、呼び名（ニックネームも可）、電話番号またはメールアドレス、パスワードを入力します。電話番号を入力する場合は、認証用のコードをSMS（ショートメッセージサービス）で受け取れる携帯電話の番号を入力します。「最近閲覧したウェブサイトを基にカスタマイズする」にチェックマークを入れると、ユーザーに関連性の高いおすすめユーザーのリストが表示されます。ここではチェックマークを入れたままにして「アカウント作成」ボタンを押します。

図表04-02 上から順に情報を入力し、必要に応じて携帯の電話番号を入力して「次へ」をクリック

　続いて携帯電話の番号を入力する画面が表示されたら、必要に応じて入力して「次へ」ボタンをクリックします。ボタンの下にある「スキップ」の文字をクリックすると入力せずに先に進めます。これ以降、「スキップ」が表示されている手順は同様に省略することができます。

　次の画面ではユーザー名を入力します。すでに他のユーザーが使っている名前は使えないので、表示されている利用可能なアカウント名から選択することもできます。「次へ」ボタンを押して、スタート画面で「さあ、はじめよう」をクリックします。

　プロフィール画像を追加する画面が表示されるので、画像をアップロードします。スマートフォンを使っている場合は、写真を撮影してアップロードすることも可能です。

図表04-03 ユーザー名を入力して、プロフィール画像を設定する

画像をアップロードすると、下部に表示されたバーをスライドして、画像の位置とサイズを調整できます。「適用」ボタンを押し、表示内容を確認して問題なければ「続ける」をクリックします。

図表04-04 プロフィール画像を設定する

次の画面では、「エンタメ」「スポーツ」など興味があることを選択し、「続ける」をクリックします。

続いてアドレス帳をアップロードして知り合いを探すことができる画面が表示されます。GmailやOutlookなど利用しているメールサービスを選択して「連絡先をアップロード」ボタンをクリックします。ボタンの下にある「利用しない」をクリックするとこの手順を省略できます。

図表04-05 連絡先のアップロード

続いて、ユーザーの興味に沿ったおすすめユーザーが表示されるので、そこからフォローしたいユーザーを選びます。あるいはユーザーを検索して追加することもできます。ユーザーリストにチェックマークを入れて選択し、「○人をフォローして続ける」をクリックするか、あとで設定したい場合はチェックマークを外して「続ける」をクリックします。

最後にブラウザのポップアップ通知を受け取るかを設定すると、「ホーム」ページの設定が始まります。

図表04-06　ブラウザのポップアップ通知の設定

以上の手順でアカウントが設定され、アカウントのホーム画面が表示されます。

▶ホーム画面とプロフィール画面を変更する

設定した内容を変更したい場合には、プロフィール画像をクリックするか、画面右上の小さなアイコンをクリックして表示されたメニューで「プロフィールを表示」を選択して、プロフィール画面を表示します。

図表04-07 完成したホーム画面

ホーム画面とプロフィール画面の上部に大きく表示される画像を「ヘッダー画像」と言います。プロフィール画面の「プロフィールを編集」ボタンをクリックすると、画像や自己紹介、場所、ホームページ、テーマカラー、誕生日などを追加したり編集できます。

図表04-08 プロフィール画面で「プロフィールを編集」ボタンをクリックする

図表04-09 画像やテキストを変更することができる

　プロフィール画像には企業のロゴやマスコットキャラクターなど、自社の公式アカウントであることがわかりやすい画像を使いましょう。ヘッダー画像も雰囲気が伝わる写真などを設定します。プロフィール欄には紹介文や、ウェブサイトへのリンクをはっておきます。必要に応じて問い合わせ先や運用ポリシーを書いてもよいでしょう。

　以上でTwitterのアカウントが開設されました。アカウントを開設したあと、広告用アカウントの開設ができるようになるまで、数日かかることがあります。早めに準備しておきましょう。

広告用アカウントの設定

　ここからはいよいよ、Twitter広告の設定について紹介していきます。あらかじめTwitterのユーザーアカウントにログインして、https://ads.twitter.com/にアクセスすると、Twitter広告のページが表示されます。

　最初に広告アカウントの設定を行います。国とタイムゾーンの選択画面で、住所が日本の場合は「日本」を選んでください。タイムゾーンは「アジア/東京」を選びます。この設定は一度しか行えません。あとで変更できないので注意してください。

　「設定を保存して次へ」をクリックします。

図表04-10　国とタイムゾーンの設定

次に、消費税の設定を行います。法人、個人事業主、自営業者は「ビジネス」を選択します。ビジネス以外の目的で個人が利用する場合のみ、「個人」を選びましょう。

　「ビジネス」を選ぶと、会社名と住所の入力画面が表示されます。消費税IDと広告代理店に関する項目は、日本は該当しないので「いいえ」を選択して「保存」をクリックします。

図表04-11　消費税についての設定

クレジットカードの設定画面が表示されたら、カード番号や名義などを入力のうえ、「Twitter広告利用規約に同意します」にチェックマークを入れて「確認に進む」をクリックしてください。登録内容を確認して問題なければ「クレジットカード情報を保存」をクリックしましょう。

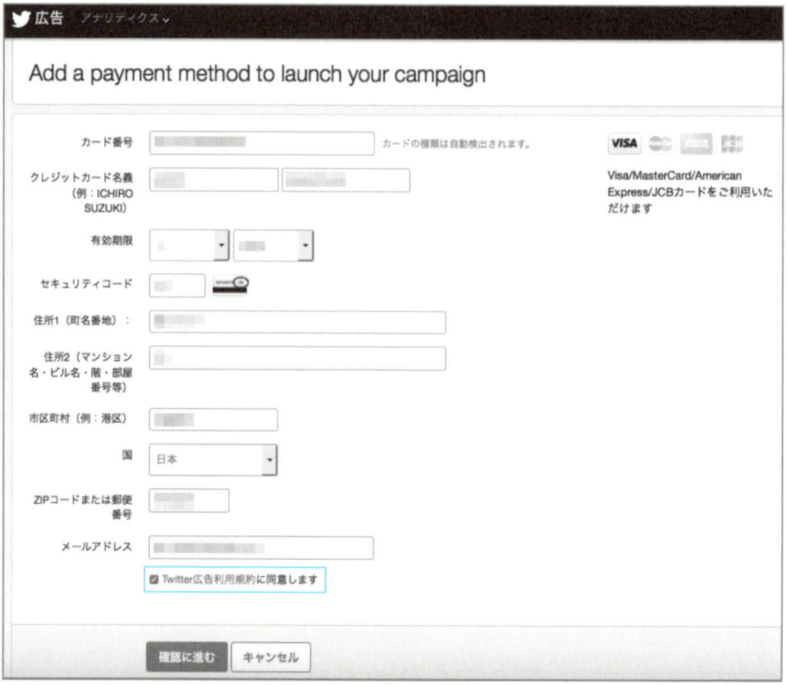

図表04-12 クレジットカードの設定

　最後にTwitter社から、Twitter広告に関する連絡が受けられる電話番号を入力し、ビジネスの業種を選んで「保存」をクリックします。電話番号を設定すると、Twitterの専門スタッフが、より効果的な設定方法について、サポートの提案をすることがあります。

図表04-13 連絡先の電話番号と業種を選択して「保存」をクリック

これで、広告用アカウント設定は終了です。「キャンペーンに進む」をクリックすると、広告キャンペーン設定画面になります。

図表04-14 アカウント設定が終わり、広告キャンペーンの設定に進む

広告キャンペーンの目的を設定する

　先ほどの画面で「キャンペーンに進む」をクリックしたところから、広告キャンペーンの設定が始まります。まず最初に、キャンペーンの目的を選びます。たとえば、サイト訪問数、コンバージョン、売上を増やしたいのなら「ウェブサイトへの誘導数またはコンバージョン」の横にある「選択」をクリックします。

図表04-15　広告キャンペーンの目的を選ぶ

キャンペーンの目的	説明
ツイートのエンゲージメント	プロモツイートによって、リツイートや「いいね」などの数を増やす
ウェブサイトへの誘導数またはコンバージョン	ウェブサイトカードを使って、サイトへの訪問数、オンラインでの購入を増やしたり、特定のアクションを促す
アプリのインストール数または起動回数	アプリカードを使って、モバイルユーザーに画像やアプリストアでの評価を表示し、インストール・起動を促す
動画の再生数	動画の自動再生が可能なプロモビデオを使って、視聴を促す
フォロワー	フォロワー数を増やすため、「おすすめユーザー」や、タイムラインなどに広告を表示して、自社アカウントのプロモーションを行う
見込み顧客	リードジェネレーションカードを使って、自社の製品やサービスに興味がありそうなユーザーのメールアドレスを収集する

図表04-16　広告キャンペーンの目的

目的を1つ選ぶと、そのキャンペーンの広告イメージが表示されます。以下の画面は「ウェブサイトへの誘導数またはコンバージョン」を選択したときのものです。問題なければ「選択して続ける」をクリックし、キャンペーン作成画面に移動します。

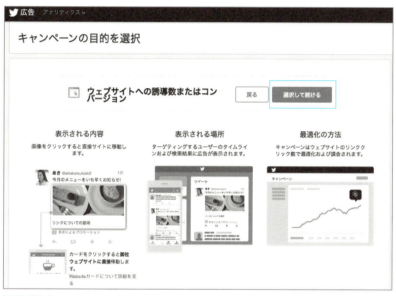

図表04-17　キャンペーンのイメージが表示される

さまざまな「Twitterカード」　COLUMN

　Twitter広告ではキャンペーンの目的に応じて、Twitterカードを選ぶことができます。たとえば、自社ウェブサイトへ誘導するための「ウェブサイトカード」、アプリのインストールを促す「アプリカード」などがあります。

　文章や画像だけのプロモツイートとは異なり、「インストール」ボタンなどを表示できるので、よりアクションを喚起しやすくなります。

はじめての広告キャンペーン設定

先ほどの画面で「選択して続ける」をクリックし、実際に広告キャンペーンを作ってみましょう。ここでは、「ウェブサイトへの誘導数またはコンバージョン」を目的とした場合を例に解説します。

ステップ1　キャンペーンの概要の設定

画面の上部には、キャンペーン設定の4つのステップが表示されています。ここからは、この手順に沿って説明していきます。

まずキャンペーンの概要を設定します。はじめに、キャンペーンに名前を付けましょう。ここでは「新刊発売記念キャンペーン」としています。他のキャンペーンとの違いがわかりやすい名称を付けてください。

図表04-18　キャンペーンに名前を付け、期間を設定する

キャンペーンを実行する期間も指定します。初期設定では「今すぐ開始して、継続的に実施」となっていますが、「開始日と終了日を設定」を選び、開始日時と終了日時を設定することもできます。

その下の「Twitterオーディエンスプラットフォームでリーチを広げる」にチェックマークが入っています。これは、Twitter以外に広告を掲載できるウェブサイトやアプリのネットワークのことで、コンバージョン1件あたりの費用が成果指標ではなく、より広くリーチしたい場合に使用します。チェックマークを入れた場合、その下の項目を設定する必要があります。

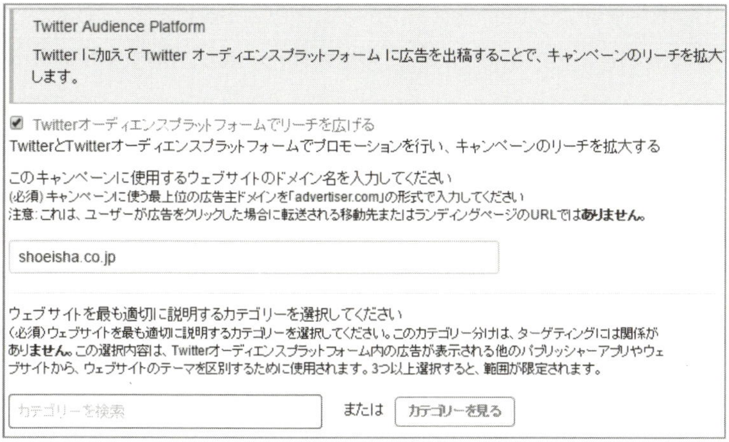

図表04-19 「Twitterオーディエンスプラットフォーム」を利用するための設定

　まず、広告キャンペーンに使用するウェブサイトのドメイン名を入力します。これから設定する広告をユーザーがクリックしたときに表示される自社サイトのURL（例：http://www.shoeisha.co.jp/）から最上位のドメイン名（例：shoeisha.co.jp）を入力します。

　続いて、そのウェブサイトの特徴がわかるようにカテゴリー（英語）を設定します。「カテゴリーを見る」ボタンをクリックして、左側からカテゴリーを選択し、右側に表示されたサブカテゴリーの中から、該当するものを複数選択することができます。これは、このあとに行うターゲティングの設定とは関係ありません。

図表04-20 カテゴリーを選択する

「Twitterオーディエンスプラットフォームでリーチを広げる」のチェックマークを外すと、以下のように項目が省略され、コンバージョントラッキングのステータス（状態）と、キーコンバージョンイベントの選択欄が表示されます。ここは設定せずに進めます。

図表04-21 トラッキングステータスの表示と「キーコンバージョンイベント」の選択メニュー

ステップ2　ターゲティングの設定

次にターゲティングの設定です。画面をスクロールするか、上部の4つのステップから「オーディエンス」をクリックすると、該当する設定画面になります。ここでは、広告を見せたいオーディエンスの条件を指定します。

図表04-22 ターゲティング設定画面

まず、「地域を選択」でターゲットとなるユーザーが活動している地域を選びます。国、都道府県、地域、主要都市圏などを指定できます。「地域を検索」欄に国や都道府県などを入力すると候補が表示されるので、そこから選択しましょう。

複数の地域をインポートする場合は、「複数の地域をインポート」ボタンをクリックします。表示された画面に、国や都道府県などを1行に1つずつ入力します。「地域を確定する」をクリックすると確認画面になるので、「場所を追加する」をクリックするとインポート完了です。

図表04-23 複数の地域をインポート

続いて、「性別で絞り込む」では、「男女」「男性」「女性」から選択します。Twitterの場合はアカウントを開設する際に性別の登録は必要ないため、プロフィール名やフォローの状況などからユーザーの性別を推測して広告を配信します。「男性向け」「女性向け」がはっきりしている商材の場合は、それぞれ選択してもいいでしょう。ただし、その場合、性別がどちらか推測できない人には表示されなくなるので注意が必要です。

図表04-24 性別の指定、さらなるターゲティングの設定項目

さらに「言語で絞り込む」をクリックすると、ユーザーの使用言語を設定できます。

その下の「端末、プラットフォーム、携帯電話会社を選択」でユーザーが利用している環境を指定することもできます。初期設定では「iOS端末」「Android端末」「デスクトップやノートパソコン」など、すべてにチェックマークが入っていますが、スマートフォンを利用しているユーザーにだけ広告を配信したいという場合には、不要な項目は外しておきましょう。

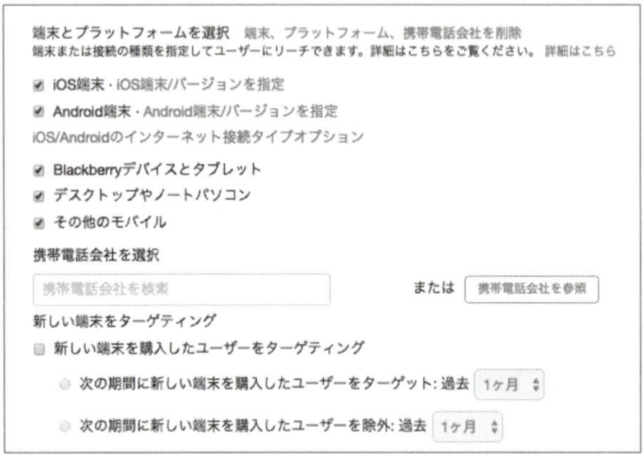

図表04-25 端末やプラットフォームによるターゲティング

その下の「さらにターゲティングを選択する」に表示されている、その他のターゲティング項目について見ていきましょう。

ターゲティングの種類	説明
キーワード	指定したキーワードでツイートしたり検索したユーザーに広告を表示する（キーワードターゲティング）
フォロワー	選択したアカウントのフォロワーとその類似フォロワーで絞り込む（フォロワーターゲティング）
興味関心	ユーザーの興味関心で絞り込む（インタレストターゲティング）
テイラードオーディエンス	自社で保有する顧客リスト、またはトラッキングによって収集したデータを活用してターゲティングを行う
テレビターゲティング	テレビ番組に興味を示しているユーザーをターゲティングする
イベントターゲティング	ユーザーが興味を持っているイベントで絞り込む

図表04-26 その他のターゲティング

▶キーワードターゲティング

　主なものをいくつか説明しましょう。「キーワード」では、指定したキーワードでツイートしたり、検索したユーザーに広告を表示できます。

　入力欄にキーワードを入力して「Enter」キーを押すと、「マッチ」欄に表示されます。これによって、このキーワードを含むツイートあるいは検索をしているユーザーに広告が配信されます。

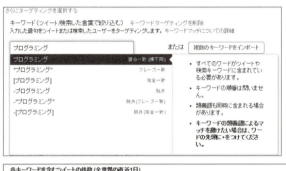

図表04-27　キーワードを入力して「Enter」キーを押すと、下の「マッチ」欄に表示される

　キーワードを入力すると、上の図のように入力候補が表示されます。キーワードに「＋」や「" "」などの半角の記号を使うことで、より詳細にキーワードのマッチングを指定することができます。記号の意味は次のとおりです。ここでは、キーワードが「プログラミング　入門」の場合で例を示します。

キーワード指定方法	使い方
部分一致（順不同）	記号を使わない。入力したすべてのワードがツイートや検索キーワードに含まれている必要がある。「プログラミング　入門」「入門　プログラミング」など、キーワードの順番は問わないが、類義語も含まれる。キーワードの類義語によるマッチを避ける場合は「+プログラミング」のように先頭にプラス記号「+」を付ける。
フレーズ一致	キーワードを" "で囲むと、入力したとおりの順番でワードが含まれている場合にターゲティングを行う。ただし、前後に別のワードがついていても可。例：「プログラミング入門書」にマッチする。
完全一致	キーワードを[ ]で囲むと、入力内容に完全にマッチし、他のワードが含まれない場合にターゲティングを行う。
除外	冒頭にマイナス記号「-」を付けるとそのキーワードを含むツイートを除外する。語順を問わず、すべてのワードが検索クエリに含まれているときに除外する。例：「プログラミング」「入門」とツイートしているユーザーを除外。
除外（フレーズ一致）	冒頭にマイナス記号「-」を付け、キーワードを" "で囲んで指定すると、前後のワードを問わず、入力したワードを語順どおり含むツイートを除外する。例：「プログラミング入門書」を除外。
除外（完全一致）	冒頭にマイナス記号「-」を付け、キーワードを[ ]で囲むと入力内容に完全にマッチする場合、ターゲティングしないようにする。

図表04-28　キーワードの指定方法（キーワード「プログラミング　入門」の場合）

　指定したキーワードが1日にどのくらいツイートされているかは、キーワードの先頭に表示される、ブルーの円の大きさでわかります。入力欄の上にある「各キーワードを含むツイートの件数（全世界の直近1日）」には、円の大きさと対応するツイート件数が直観的にわかるように表示されています。「プログラミング」というキーワードは、全世界で1,000〜10,000件、ツイートされているようです（Kは1000、Mは10,000を表します）。もうひとつ「できない」というキーワードを指定すると、「プログラミング」よりも多い、100,000〜1,000,000件、全世界で1日にツイートされていることがわかります。

図表04-29　2つのキーワードのツイート件数の違いが直観的にわかる

「マッチ」欄からキーワードを削除する場合は、キーワードの上でクリックして、メニューから「キーワードを削除」を指定します。ここで、「除外」を指定すると、そのキーワードを含まないツイートを指定することになり、キーワードは「除外」欄に移動します。

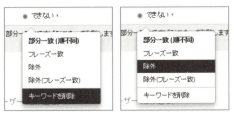

図表04-30 キーワードの「削除」と「除外」

　キーワードを指定すると、画面の右側にある「オーディエンスの概要」に、ターゲティング可能なユーザーのおおよその数が「潜在的なオーディエンスサイズ」として表示されます。この数を増やすときに役立つのが、設定欄の下にある「リーチを拡げましょう」です。

図表04-31 「潜在的なオーディエンスサイズ」を見ながら、設定内容を調節する

ここをクリックすると次のような画面が表示され、一緒に指定するとさらにリーチ（広告を表示する範囲）を広げられるキーワードを選択することができます。

図表04-32　「リーチを拡げましょう」をクリックすると表示される選択画面

図表04-33　キーワードを追加することで、オーディエンスサイズが拡大

　設定している途中で、設定内容をクリアしたいときは「キーワードターゲティングを削除」をクリックしてください。
　その他のターゲティング項目も含めて、設定を変えながら適切なオーディエンスサイズになるよう調整しましょう。

複数のキーワードを指定する　COLUMN

　複数のキーワードを指定する場合は、「複数のキーワードをインポート」をクリックして、インポートするキーワードをカンマで区切るか、1行に1つずつ入力してください。最後に「キーワードを登録」をクリックして登録します。

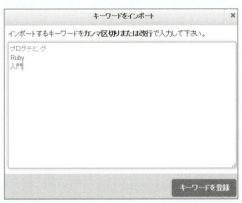

図表04-34　インポートするキーワードをカンマで区切るか、1行に1つずつ入力して「キーワードを登録」をクリック

▶フォロワーターゲティング

　フォロワーターゲティングを設定するときは、「フォロワー（選択したアカウントのフォロワーとその類似ユーザーで絞り込む）」をクリックします。ここでは、「@ユーザー名」を入力すると、そのアカウントのフォロワーに似た興味関心を持つユーザーをターゲティングできます。@や英数字はすべて半角で入力してください。

図表04-35　フォロワーターゲティングの設定画面。この場合、正式な@ユーザー名は「@devsumi」だが、@を省略して検索しても検索可能

　@ユーザー名を2～3個指定すると、その欄の下に「@xxxxxx、@xxxxxxなどの@ユーザー名を追加してリーチを拡大」が表示されます。ここをクリックすると、おすすめの@ユーザー名が自動的に提案され、追加することができます。

図表04-36　「@xxxxxx、@xxxxxxなどの@ユーザー名を追加してリーチを拡大」をクリック

図表04-37 「おすすめの@ユーザー名」が表示される

　また、設定欄の下にある「フォロワーをターゲティング」「フォロワーに似たユーザーをターゲティング」にチェックマークを入れて、自社アカウントのフォロワーにも配信するか、自社アカウントのフォロワーに似た層に配信するかを設定できます。

「オーディエンスの概要」画面　COLUMN

　ターゲティングの設定をしていると、画面の右側に「オーディエンスの概要」が表示されます。

　一番上の「プロフィール」には、ここに表示された条件すべてに該当するオーディエンスに広告が配信されることを示しています。「追加機能」は、キーワードやフォロワーなどのターゲティング項目で設定した内容です。「配信先」は、実際に広告が表示される場所です。「潜在的なオーディエンスサイズ」は、現在の設定内容でターゲットと推定されるオーディエンスの数がどのくらいかを表しています。「おすすめ範囲」に収まるように設定を調節しましょう。

図表04-38　オーディエンスの概要

▶テイラードオーディエンス

　一度自社ウェブサイトを訪問してくれた人に再訪問を促したり、最近アプリを利用していないユーザーに起動を促すことを「リマーケティング(リターゲティング)」と言います。「テイラードオーディエンス」は、自社で保有するメールアドレス、Twitterユーザー名、サイト訪問時のデータなどを使って、リマーケティングする場合に必要な設定項目です。

　「テイラードオーディエンス（保有する顧客リストまたはタグデータを活用してターゲティング）」をクリックすると、以下の画面が表示されます。タグを設置してデータを収集する方法は、7章を参照してください。

　「リスト」は、自社が保有するメールアドレスなどのリストをアップロードする方法です。「ウェブサイト訪問者」は自社サイトでのユーザー行動をトラッキングして、それをもとにリマーケティングすることができます。

図表04-39　「テイラードオーディエンス」の2つの方法

　「リスト」で「オーディエンスリストの作成」をクリックすると、現在の設定内容を「下書き」として保存するか確認するメッセージが表示されます。

　「下書きとして保存」ボタンをクリックすると、新しいオーディエンスリストを作成する画面になるので、そこでファイルをアップロードすることができます。利用可能なファイル形式はCSV形式とTXT形式です。

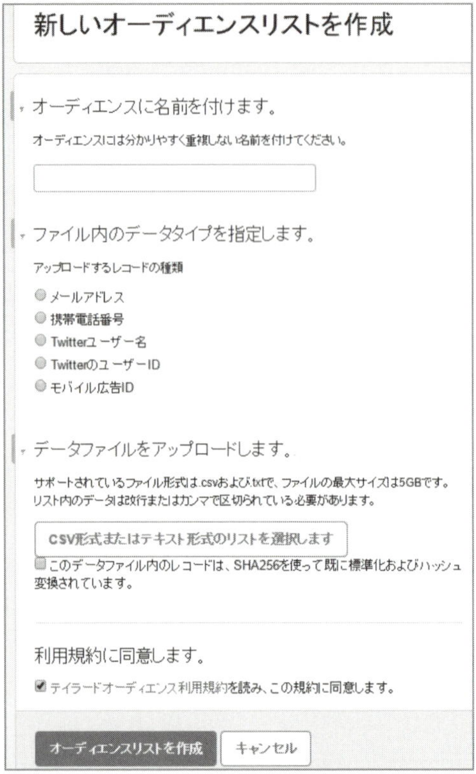

図表04-40 オーディエンスリストの設定画面

　もう1つの「ウェブサイト訪問者」で「ウェブサイト訪問者の収集」をクリックすると、同様に設定内容を下書きとして保存するかを確認するメッセージが表示されます。
　「下書きとして保存」ボタンをクリックすると、自社サイトでトラッキングを行うために必要なウェブサイトタグの作成画面になります。詳しい設定については7章を参照してください。

図表04-41 ウェブサイトタグの作成画面

▶広告を表示する場所を指定する

「プロモツイートを表示させる場所をカスタマイズします。」では、以下のように、広告を表示する場所として、「タイムライン」と「プロフィールページとツイートの詳細ページ」を指定することができます。

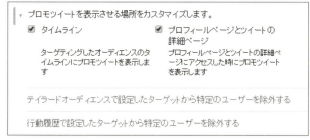

図表04-42 プロモツイートの表示場所を指定する

▶特定のユーザーを除外する

また、「テイラードオーディエンスで設定したターゲットから特定のユーザーを除外する」をクリックすると、自社で保有する「リスト」と、「ウェブサイト訪問者」のデータを使って、該当するユーザーを広告表示対象から外すことができます。

テイラードオーディエンスで設定したターゲットから特定のユーザーを除外する

リスト
メールアドレス、Twitter ID、モバイル広告IDなどの独自のリストをアップロードします。
リストの処理が終わるまで、3時間ほどかかります。
オーディエンスリストの作成

ウェブサイト訪問者
訪問、購入、ダウンロードなどのユーザー数を獲得するためのコードをウェブサイトまたはタグマネージャーに配置します。
マーケティングタグをどのようにサイトに設置したかによって、この処理に数時間〜数日間かかり、訪問者の収集にも時間を要する場合があります。
ウェブサイト訪問者の収集

図表04-43　特定のユーザーを除外する

たとえば、新規顧客の獲得を目的としたキャンペーンでは、すでに顧客になっている人に広告を表示しても意味がありません。そうした場合に、既存顧客を広告配信対象から外すときによく使われます。また、広告配信に対してクレームがあったユーザーなどを除外するのにも使われます。

ステップ3　予算の設定

次に予算の設定です。1日の上限予算金額を設定しましょう。あわせて予算総額も設定しておくと、1日の上限予算に関わらず、キャンペーンの利用金額が予算総額に達したときに配信が停止されます。

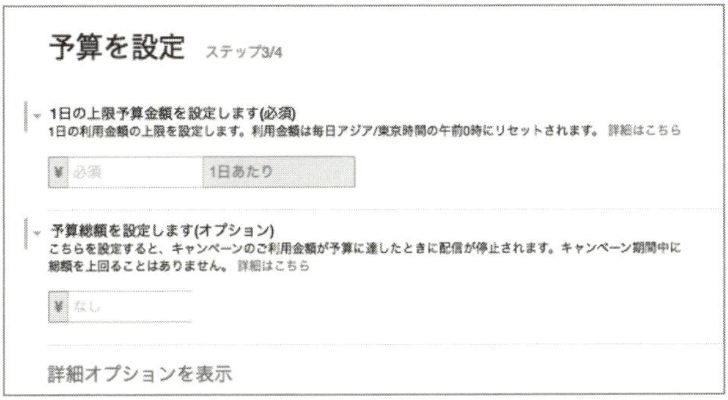

図表04-44　予算の設定画面

その下の「キャンペーンの最適化を選択」では、2つの最適化の方法が表示されます。「リンククリック用に最適化」では、リンクのクリックを獲得するために予算を最適化します。一方、「ウェブサイトコンバージョン用に最適化」を選ぶと、キャンペーンはコンバージョンあたりのコスト（CPA）を抑えるよう最適化されます。

図表04-45　キャンペーンの最適化

▶3つの詳細オプション

また、「詳細オプションを表示」をクリックすると、入札するときの価格設定の方法が3つ表示されます。「自動入札額」では、入札額は予算内でより多く広告が表示されるように最適化されます。

図表04-46 入札時の価格の設定メニュー

「目標コスト」を選ぶと入札額の入力画面が表示されるので、ここではリンククリックあたりの目標額を入力します。この機能は、キャンペーンの目的に「ウェブサイトへの誘導数またはコンバージョン」あるいは「見込み顧客」「フォロー」を指定した場合に利用できます。リンククリック単価、またはリード単価、フォロー単価の目標とする金額を指定することで、この平均額が達成されるように入札額が最適化されます。広告主は、1日に発生したすべてのリンククリック（またはリード、フォロー）について、実際の平均コストを支払います。

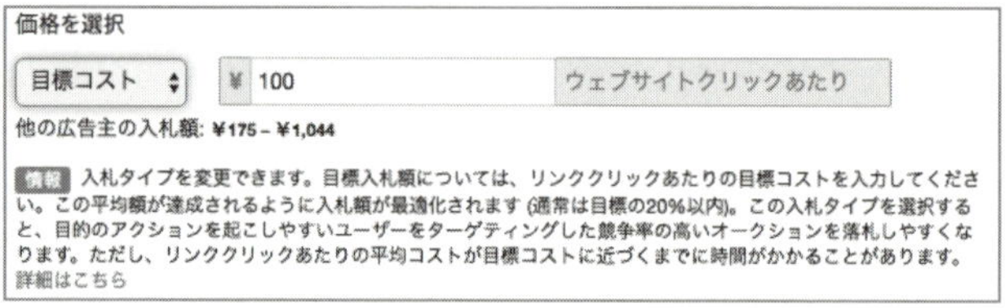

図表04-47 「目標コスト」の設定

また「上限入札単価」を選択すると、キャンペーンで目的とするエンゲージメント1件あたりにいくらまで支払ってもよいかを指定できます。上限入札単価を超える金額が請求されることはなく、支払う費用はこれより少なくなる場合もあります。

図表04-48 「上限入札単価」の設定

いずれもあらかじめ推奨金額が入力されていますが、これを変更することも可能です。入札額の変更やアップデート（たとえば「上限入札単価」から「目標コスト」への変更や、金額の調整など）を行った場合、キャンペーンのパフォーマンスに反映されるまでには時間がかかります（2日ほどかかることがあります）。

ステップ4-A　クリエイティブの設定（新規作成）

最後はクリエイティブの設定です。クリエイティブは文章や画像など、ユーザーが目にする内容全般を指します。クリエイティブは新規に作成することもできますし、反応が良かった過去のツイートを広告に利用することもできます。

ここでは、プロモツイートを新規作成してみましょう。まず、「ここでツイートを作成します。」と表示された欄をクリックします。すると、次のように大きな作成画面が表示されます。

図表04-49　新規作成するため、「ここでツイートを作成します。」欄をクリックする

図表04-50 プロモツイートの新規作成画面

　一番上の欄にツイートの本文を入力し、その下で利用するTwitterカードの設定をします。各欄の右下に表示されている数字は、入力できる文字数を表しています。本文を入力すると、右側にプレビューが表示されます。

図表04-51 ツイートの本文を入力する

　また、この入力欄の下にある「予約投稿ツイート」をクリックすると、設定中のツイートが公開される日時を指定できます。日時を選んで「予約設定する」ボタンを押すと、画面下部の「ツイートを公開」ボタンが「予約投稿ツイート」ボタンに代わります。予約投稿設定をしないで「ツイートを公開」ボタンをクリックすると、キャンペーンを開始していなくてもツイートが閲覧可能になるので注意してください。

図表04-52 このツイートの公開日時を予約設定する

　続いて、Twitterカードを設定します。一番上のカメラのアイコンをクリックして、カードに表示する画像を指定します。指定できる画像ファイルは、PNGとJPEGです。BMPやTIFF形式の画像ファイルは使用できません。画像のサイズは横800x縦320ピクセルで、ファイルサイズは最大3MBまでです。画像エディター画面で大きさや位置を調節し、「保存」ボタンを押します。

図表04-53 Twitterカードの設定画面。カメラのアイコンをクリックして画像を設定する

図表04-54 表示する画像を調整する

続いて、画像の下に表示する「ヘッドライン」、誘導するサイトのURLを入力し、管理しやすいカード名を付けます。

図表04-55 Twitterカードの設定内容

画面右側のプレビュー画面で、最終的なツイートの設定内容を確認します。プレビューの上に表示されている「iOS」「Android」「デスクトップ」をクリックすると、それぞれの端末での表示を確認できます。Twitterユーザーはスマートフォンから利用する人が多いので、「iOS」「Android」でプレビューを確認し、必要があれば改行するなど見やすくなるよう調整してください。

図表04-56　Twitterカードのプレビュー（iOS）

　これでツイートの作成は完了です。最後に「予約投稿ツイート」ボタンをクリックして保存しましょう。前述のとおり、予約投稿設定をせずに「ツイートを公開」ボタンを押すと、ツイートはキャンペーンが開始されていなくても、Twitter広告のパートナーになっているサイトやアプリで、すぐに閲覧できるようになります。キャンペーン開始に合わせて公開したい場合は予約日時の設定を行ってください。

キャンペーンの「保存」と「開始」

　最後に、画面の右上にある「保存」ボタンを押して、キャンペーンの設定内容を保存して終了します。キャンペーンを開始してもよい場合は、「開始」ボタンを押します。キャンペーンの開始日と終了日を設定していない場合は、「開始」ボタンを押すと、広告の配信が始まります。

図表04-57　「保存」ボタンを押して、キャンペーンの設定を保存する。広告を配信してもよい場合は「開始」ボタンを押す

ステップ4-B　クリエイティブの設定（既存のツイートを流用）

　すでに、Twitter広告を展開している場合、過去のツイートをそのまま使うことができます。「クリエイティブを新規作成、または既存ツイートから選択」画面では、これまでに使用したツイートの一覧が表示されています。各ツイートの内容と、インプレッション数やクリック数、クリック率を確認し、効果の高いものにチェックマークを入れて選択しましょう。

図表04-58　過去のツイートから効果の高いものにチェックマークを入れる

キャンペーンの「保存」と「開始」

　最後に、画面の右上にある「保存」ボタンを押して、キャンペーンの設定内容を保存して終了します。キャンペーンを開始してもよい場合は、「開始」ボタンを押します。キャンペーンの開始日と終了日を設定していない場合は、「開始」ボタンを押すと、広告の配信が始まります。

図表04-59　「保存」ボタンを押して、キャンペーンの設定を保存する。
　　　　　　広告を配信してもよい場合は「開始」ボタンを押す

レポートの見方

　広告の配信後に、画面左上の「広告」の文字をクリックするとレポート画面となります。ここには、広告キャンペーンの結果が項目ごとにまとめられています。

図表04-60　レポート画面をチェックして、キャンペーンの成果を確認する
（この画面では金額がドル表示になっていますが、実際には日本円で表示されます。次ページの画面も同様）

　この画面の左側には、縦に5つのメニューがあります。「キャンペーン」を選ぶとキャンペーン全体の結果がわかります。「ツイート」「プラットフォーム」「地域」を軸とした、それぞれのデータも見ることができます。「デモグラフィック」では、男女別、言語別それぞれの結果が表示されます。
　中央にグラフ表示スペースがあり、その上部にある「インプレッション」「エンゲージメント」「ご利用金額」「コンバージョン」の4つのタブで、それぞれの推移がわかります。「コンバージョン」タブには、コンバージョントラッキングによって計測されたデータの推移が表示されます。

また、グラフの下には「概要」「エンゲージメント」「ご利用金額」「コンバージョン」の4つのメニューがあり、これをクリックすることで、データの種類を切り替えることができます。

　「コンバージョン」をクリックすると、コンバージョントラッキングによって計測されたデータが表示されます。この画面では、「ウェブサイトへの誘導数またはコンバージョン」が目的のキャンペーンのため、項目として「サイト訪問」「購入」が表示されています。

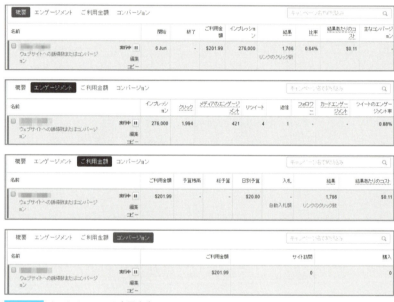

図表04-61　4つのメニューの表示内容

メニュー	表示内容
概要	広告名、掲載開始日と終了日、利用金額、インプレッション、結果（キャンペーンの目的にマッチする広告がクリックされた合計回数）、比率（合計クリック数をインプレッション数で割った比率）、結果あたりのコスト（利用金額の合計を合計クリック数で割った単価）、主なコンバージョン
エンゲージメント	インプレッション、クリック（課金対象外も含むすべてのクリック数）、メディアのエンゲージメント（動画、Vine、GIF、画像のクリック数）、リツイート、返信、フォロワー（広告の「フォロー」ボタンクリック数）、カードエンゲージメント（アプリカードをクリックしてアプリ起動またはインストールした数やリードジェネレーションカードから送信されたリード数合計）、ツイートのエンゲージメント率
ご利用金額	利用金額、予算残高、総予算、日別予算、入札額、結果（キャンペーンの目的にマッチする広告がクリックされた総数）、結果あたりのコスト（利用金額の合計を合計クリック数で割った単価）
コンバージョン	利用金額、コンバージョントラッキングによって計測されたデータ

図表04-62 レポート画面の表示メニュー

どのデータに注目するか

　配信した広告のレポートを見たとき、「概要」に表示される「比率」がずっと0.2％前後だったとしましょう。クリック率は0.2〜0.5％程度が平均値となります。多少の波はあっても0.2％あたりに数値が留まっているとしたら、キャンペーンがうまくいっていないと判断したほうがいいでしょう。

　うまくいっている広告とそうでない広告では、クリック率に5倍くらいの差が出ることもあります。逆に言えば、0.1％以内の違いに留まっていたら、数値が多少上向いたとしても「誤差」ということになります。統計上、意味がある違い（有意差）について、最初はなかなかつかめないと思いますが、本書で紹介している想定値を参考にしたり、レポートを定期的にチェックする習慣をつけることで、次第に把握できるようになります。

図表04-63 「概要」の「比率」をチェックする

リードジェネレーションカードを設定してみよう　COLUMN

　キャンペーンの目的で「見込み顧客」を選ぶと、リードジェネレーションカードが使えます。このカードによって、ユーザーがフォームなどに情報を入力しなくても、1クリックだけでメールアドレス、Twitterのユーザー名、アカウント名などの連絡先情報を入手して見込み顧客のリストをスムーズに作成することができます。

　クリエイティブ設定画面に表示されている「概要」をクリックすると、カードの説明と「カードクリエイティブマネージャー」のリンクが表示されるので、リンクをクリックします。

図表04-64　「概要」のリンクをクリック

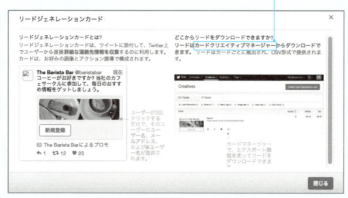

図表04-65　「カードクリエイティブマネージャー」のリンクをクリック

表示された画面で「リードジェネレーションカードを新規作成」ボタンをクリックし、以下の必要事項を入力してカードを作成します。

図表04-66　リードジェネレーションカードの新規作成画面

　このキャンペーンで収集した顧客情報は、CSVファイルとしてエクスポートすることができます。画面上部の「クリエイティブ」メニューから「カード」をクリックし、さらに「リードジェネレーション」を選択して「リードのダウンロード」をクリックしましょう。

広告管理画面の使い方

　広告キャンペーンを作成したり変更する場合は、Twitterのホーム画面右上のアイコンをクリックして「Twitter広告」を選択するか、https://ads.twitter.comにアクセスします。

図表04-67　「Twitter広告」を選択する

　広告管理画面が表示されると、「すべてのキャンペーン」に、キャンペーンの成果を表すグラフとこれまでに設定したキャンペーンが一覧表示されます。キャンペーンの「名前」欄に表示された「コピー」をクリックすると、その設定を流用して、新たにキャンペーンを行うことも可能です。

　広告管理画面の上部は黒で統一され、「キャンペーン」「クリエイティブ」「アナリティクス」「ツール」という4つのメニューが並んでいます。ここをクリックすることで、それぞれの画面に切り替えることができます。

「キャンペーン」メニュー

キャンペーンをまだ作成していない最初の段階では、このような画面が表示されます。

図表04-68 広告キャンペーンを作成していないときの画面

すでに広告キャンペーンを作成して配信している場合には、広告のインプレッションやエンゲージメントなどのレポートデータと、キャンペーンの一覧を見ることができます。グラフの周囲にあるメニューや日付指定欄で表示内容を切り替えることができます。

図表04-69 広告キャンペーンの実行後はコンバージョンなどのデータが表示される
（この画面では金額がドル表示になっていますが、実際には日本円で表示されます）

キャンペーン画面の上部には3つのボタンが並んでいて、クリックするとメニューが表示されます。「全ての目的」では、設定したキャンペーンの一覧を目的別に表示することができます。

図表04-70 「全ての目的」ボタン

「開始済みのキャンペーン」ボタンには次のようなメニューが表示され、選択すると、それぞれのキャンペーンが表示されます。表示されているカッコ内の数字は、該当するキャンペーンの件数を表しています。設定したあと、「開始」ボタンを押さずに保存したキャンペーンは「キャンペーンの下書き」を選択すると表示されます。

図表04-71 「開始済みのキャンペーン」ボタン

「すべてのチャンネル上」ボタンでは、広告が表示されるチャンネルを指定できます。「Twitterオーディエンスプラットフォーム」は、広告主がTwitter以外のウェブサイトやアプリのユーザーにもリーチすることを可能にするネットワークです。

図表04-72 「すべてのチャンネル上」ボタン

　広告キャンペーンを新規に作成する場合は、右上の「新規作成（目的を選ぶ）」をクリックしてキャンペーンの目的を選びましょう。また「エクスポート」ボタンをクリックすると、キャンペーンデータをエクスポートできます。

図表04-73 広告キャンペーンの「新規作成」メニューと「エクスポート」ボタン

図表04-74 データのエクスポート画面

「クリエイティブ」メニュー

　これまでに作成したクリエイティブ（広告原稿）にアクセスできます。「クリエイティブ」をクリックして表示されたメニューから「ツイート」を選択すると、広告用に作成したツイートが表示されます。「カード」ではリードジェネレーションカードなどの各種カードが、「動画」で過去に作成した動画が表示されます。これらのクリエイティブを投稿していない場合は、クリエイティブの作成画面が表示されます。

図表04-75　「クリエイティブ」メニュー

　ここで「クリエイティブ」→「ツイート」を選択してみましょう。ツイート画面で「全ての目的」ボタンをクリックすると、目的別にクリエイティブ一覧を表示できます。表示されているクリエイティブにチェックマークを入れて、「＋キャンペーンに追加」ボタンをクリックすると、クリエイティブを再利用することができます。

図表04-76　「全ての目的」ボタン

　「広告用ツイート」ボタンをクリックするとメニューが表示され、「広告用ツイート」「予約投稿ツイート」「オーガニックツイート」「キャンペーンのすべてのツイート」を選んで表示することができます。

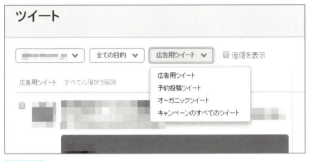

図表04-77 「広告用ツイート」メニュー

画面右上の「新しいツイート」ボタンをクリックすると、ツイート作成画面が表示されます。

図表04-78 「新しいツイート」ボタン

図表04-79 ツイート作成画面

「アナリティクス」メニュー

　広告に対するさまざまな反応を見ることができます。以下の画面は、「アナリティクス」メニューから「ツイートアクティビティ」を選択した状態です。個々のツイートが過去に得たインプレッション（ユーザーがツイートを見た数）、リツイート・いいね・返信した回数などがわかります。

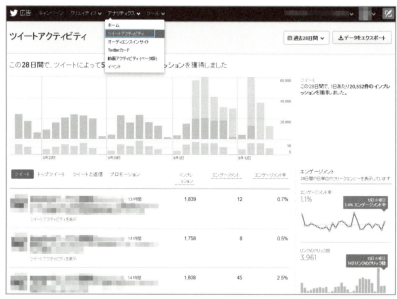

図表04-80　アナリティクスのツイートアクティビティ画面

　「アナリティクス」メニューからは、この他にも以下のような情報にアクセスできます。それぞれ簡単に紹介しましょう。

図表04-81 「アナリティクス」メニュー

「**オーディエンスインサイト**」では、自社アカウントのフォロワーの増加を時系列で確認したり、性別や興味関心などオーディエンスの傾向を把握することができます。

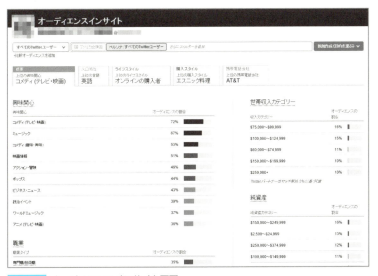

図表04-82 オーディエンスインサイト画面

「**Twitterカード**」は、利用したTwitterカードへの反応を多角的に分析できます。「スナップショット」ではTwitterカードでどのくらいURLがクリックされたかをグラフ確認できます。

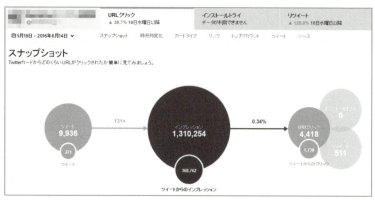

図表04-83 Twitterカードの「スナップショット」画面

「**動画アクティビティ**」では、ツイートされた動画が過去にどのくらい再生されたのかを時系列で見ることができます。

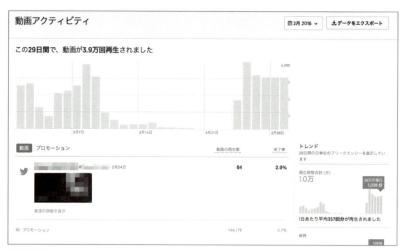

図表04-84 動画アクティビティ画面

「イベント」ではTwitterで話題のイベントを見ることができます。「日付へ移動」で日付を指定したり、「スポーツ」「エンターテインメント」「休日」などのイベントの種類でソートすることができます。

イベント名	カテゴリー	応援情報	開始日と期間	ユーザーサイズ
ビビッド・シドニー	エンターテインメント	オーストラリア	5月27日 23 days	利用不可
Goodwood Festival of Speed	その他	イギリス	6月1日 61 days	利用不可
シドニー・フィルム・フェスティバル	エンターテインメント	オーストラリア	6月8日 12日	利用不可
Festas Juninas (June County Fairs)	エンターテインメント	ブラジル	6月13日 12日	1.5M
International Festival for Business 2015	会議	イギリス	6月13日 19 days	利用不可
E3	エンターテインメント	アメリカ合衆国	6月14日 3日間	38M
Firefly Music Festival	エンターテインメント	アメリカ合衆国	6月16日 4日	3.6M
Sonar	エンターテインメント	スペイン	6月16日 3日間	利用不可
Electric Daisy Carnival (Las Vegas)	エンターテインメント	アメリカ合衆国	6月17日 3日間	12M
アスペン・フード＆ワイン・クラシック	その他	アメリカ合衆国	6月17日 3日間	利用不可

図表04-85 イベント画面

アナリティクスの詳しい使い方は、本書の後半にある付録を参照してください。

「ツール」メニュー

広告作成に役立つ4つのツールを利用することができます。

図表04-86 「ツール」メニュー

広告エディター：Excelなどで利用できるスプレッドシートをエクスポートして新しいキャンペーンの作成に利用することができます。また、既存のキャンペーンの編集、スプレッドシートを使用したキャンペーンの一括変更、スプレッドシートのテンプレートにしたがったキャンペーンの新規作成なども可能です。

図表04-87 広告エディター画面

オーディエンスマネージャー：テイラードオーディエンスの作成や確認ができます。

アプリマネージャー：モバイルアプリのプロモーション（MAP）の設定に使います。

コンバージョン：ウェブサイトコンバージョントラッキングが開始できます。

スマートフォンでTwitter広告を設定する

　Twitter広告の設定はスマートフォンからも可能です。ユーザーの反応を見て、その場で素早い配信や修正などができるので便利な機能です。本書執筆時点では、クリエイティブとターゲティングについてはスマートフォンでは設定できません。これらにはPCで設定しておき、その他の設定にスマートフォンを活用するのが効率的です。

アプリを立ち上げて設定開始

　Twitterアプリを立ち上げ、プロフィール画面を開きます。歯車アイコンをタップして「Twitter広告」を選びます。

図表04-88　アプリのプロフィール画面から歯車ボタンをタップ

　すると、アナリティクスのデータの一部が表示されます。2つのタブがあり、キャンペーンの「概要」タブでは、配信中の広告のインプレッションやエンゲージメント、利用金額などが確認できます。「キャンペーン」タブでは、これまで設定したキャンペーン一覧が表示されます。キャンペーン名をタップすると、キャンペーン画面になります。

図表04-89 キャンペーンの「概要」「キャンペーン」画面

　キャンペーン画面ではキャンペーン名の変更、キャンペーン開始日と終了日、1日の予算上限と予算総額、入札タイプ（自動入札額など）、入札額などを設定することができます。入力が終わったら「保存」をタップ。これで設定完了です。

図表04-90 キャンペーンの設定画面

スマートフォンでツイートアクティビティを見る COLUMN

　ツイートがどのような反応を得ているかをスマートフォンで見るときは、投稿したツイートに表示されているグラフのアイコンをタップして、ツイートアクティビティ画面を表示します。

図表04-91　グラフのアイコンをタップすると、ツイートアクティビティ画面が表示される

　この画面の下部には簡単に広告を掲載できる「クイックプロモート」機能があります。このツイートをそのまま広告に切り替えて配信するもので、簡単な設定で1000円台から広告を掲載できます。

図表04-92　「クイックプロモート」設定画面

Yahoo!プロモーション広告の広告管理ツールを使う

「Yahoo!プロモーション広告」を利用している場合は、Yahoo!プロモーション広告の広告管理ツールでもTwitter広告の配信設定をすることができます。

最初にYahoo!マーケティングソリューションのサイトで、申し込みをしておきましょう。http://marketing.yahoo.co.jp/service/promo/twitter/ にアクセスして、以下の画面の「お申し込み」ボタンをクリックします。

設定の詳細は割愛しますが、Yahoo!プロモーション広告とTwitter広告の両方を配信したい人には同じ管理画面を使えるのでとても便利です。

図表04-93 Twitter広告の「お申し込み」をクリックして申し込む

↗ **Twitter広告** 運用ガイド

CHAPTER 05

広告運用のポイント①
ターゲティング

ターゲティング＝誰に広告を見せるか

　Twitter広告における広告用ツイート（プロモツイート）と通常のツイート（オーガニックツイート）の違いは何でしょうか。それは、自社アカウントのフォロワー以外にも広告を配信できる点です。

　すでにフォロワーになっている人は、自社や製品に興味を持っています。それ以外の人たちにも情報を届けたり、フォロワーになってほしい。そう考える多くの企業や個人事業主がTwitter広告を活用しています。そのとき重要になるのは「誰に広告を表示するか」です。

　広告の世界では、ある特性を持ったユーザーのグループに向けて広告を配信することを「ターゲティング」と言います。Twitterでは以下の図のように、さまざまなターゲティングが可能です。従来のターゲティングは、年齢や性別、居住地などをもとに行われていました。Twitterではユーザー登録の際に、こうした属性情報を収集していません。その代わり、フォローしているアカウントやツイートの内容から、そのユーザーの趣味や関心事を特定することができます。

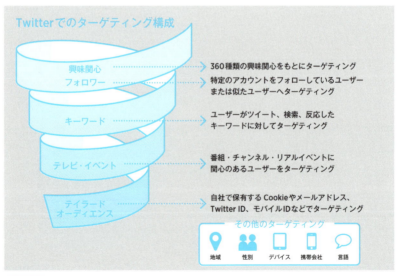

図表05-01　Twitterでのターゲティング構成

"自分ごと"として受け止めてもらうには

「男女問わず、すべての年代の人向けの商品やサービスなら、ターゲティングの必要はないのでは」と思うかもしれません。しかし、一般向けだからといって漠然としたメッセージを出すと、誰にも響かない広告になりかねません。どの程度絞り込むかはキャンペーンの目的にもよりますが、なんらかのユーザー層にターゲットを絞って、そこにメッセージを送るほうが結果的に届きやすくなります。

また、Twitter広告はクリックされる率が高いほど、より表示回数が増え、広告費用を安く抑える仕組みがあるため、ターゲティングを絞って無駄な表示を減らすことも大切です。

ターゲティングには、「全体訴求」と「個別訴求」の2種類の考え方があります。基本的に、全体訴求、つまり一般向けのメッセージより、個別訴求のほうが"自分ごと"として受け取られやすくなります。そのためにも適切なターゲティングを行い、ユーザーに受け入れられやすいメッセージを考えましょう。

従来のオンラインメディアでのターゲットアプローチ	Twitterが可能にするターゲットアプローチ
 ● 男性 ● 30代 ● 千葉県在住	 ● 自転車メーカー A社のアカウントをフォロー ● サーフィンが趣味 ● 車を今年買い換えたいとツイートしている

図表05-02 従来のターゲティングとTwitterのターゲティング

Twitterで可能なターゲティング

　Twitterではさまざまなターゲティングができます。最初は「フォロワーターゲティング」と「キーワードターゲティング」を併用して始めるのがおすすめです。

1. フォロワーターゲティング

　あるアパレルメーカーが、雑誌に広告を出稿する場合、女性向け・男性向け、10代向け、ミセス向けなど、それぞれ異なる読者を持つファッション雑誌の中から、自社のターゲットに適した雑誌を選んで出稿します。

　Twitterの場合も、そうした雑誌が公式アカウントを開設しているので、それらを指定すれば、そのフォロワーに広告を表示することができます。また、若い女性のファッションリーダー的な存在の人が多くのフォロワーを獲得している場合もあります。こうした影響力がある人、「インフルエンサー」がツイートすると多くの人が反応します。つまり、Twitterでは雑誌のような従来のメディアだけでなく、人そのものがメディアと言えます。

　この特徴を活かした手法がフォロワーターゲティングで、宣伝したい商品やサービス、イベントなどに関連性の高いアカウントを指定すると、そ

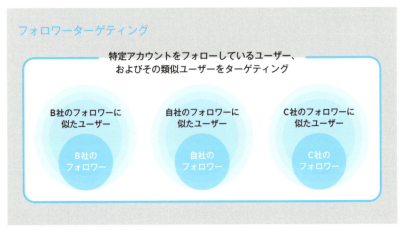

図表05-03　フォロワーターゲティング

のフォロワーと類似ユーザーに広告を配信します。

　商材が「ペットフード」の場合のフォロワーターゲティングを考えてみましょう。広告を見せたい人は、おそらく類似の製品やメーカーのアカウントをフォローしている人、ペット関連メディアのアカウントをフォローしているユーザーなどになるでしょう。指定したアカウントのフォロワーだけでなく、そのフォロワーと属性が類似しているユーザーにも広告を表示することで、ツイートへの反応をより広げることができます。

2.　キーワードターゲティング

　Twitterらしいターゲティングと言えば、フォロワーターゲティングと、ここで紹介するキーワードターゲティングになります。Twitterは実名を使わず、ニックネームで利用する人が多いため、ツイートにはユーザーの本音、行動、願望などが強く表れる傾向にあります。そのため、特定のキーワードやフレーズを指定して、その言葉をツイートしたり、検索したユーザーに広告を表示することができます。

　たとえば、「スーパー銭湯とかじゃなくて、ほんとの温泉宿に行きたい」とツイートしているユーザーに対して温泉ツアーの広告を掲載したり、大阪で開催するスター・ウォーズ展を宣伝したい場合、「スター・ウォーズ」「ルーカス映画」「ダースベイダー」などのキーワードを設定することで、スター・ウォーズについてツイートしているユーザーに対して広告を掲載することができます。

　キーワードを考えるときは、多くのユーザーがどんな投稿をしているかをチェックしておくとよいでしょう。たとえば、「ヒマ」「疲れた」「泣きそう」といった気持ちを表す言葉、「スマホゲームに没頭」などの行動、「彼氏ほしい」といった願望にフォーカスして、キーワードを考えていきます。

　「電車　ヒマ」でキーワードターゲティングすると、「電車の中ですることがなくてヒマ」などとツイートしているユーザーがターゲティングされます。「電車でプレイしている人を見たことがあるかも？　アプリストアで3週連続1位の人気ゲームをチェックしてみよう」といったアプリ広告を表示することで、ゲームアプリをダウンロードしてもらえるというわけです。

3. 興味関心ターゲティング

ツイート内容から各ユーザーの興味関心を推測し、選択したカテゴリーに興味関心があるユーザーに対して広告が表示できます。書籍・文学、映画・テレビ、音楽・ラジオ、ゲーム、自動車、ビジネス、教育、イベント、フード・ドリンク、趣味・興味、住居・庭、スポーツ、ファッション・スタイル、コンピューター・テクノロジーなど、25ジャンル360以上の多彩な興味関心カテゴリーから選ぶことが可能です。設定が簡単で、リーチ重視のキャンペーンに最適です。

たとえば、BBQ（バーベキュー）イベントの宣伝をしたい場合は、興味関心カテゴリーから「BBQ」を選びます。さらに、「BBQが好きなら、アウトドアにも興味がある可能性が高い」としたら、スポーツカテゴリーから「サイクリング」「カヌー・カヤック」などを選び、旅行カテゴリーから「キャンプ」を選ぶと、親和性が高いユーザーに広告が配信できるようになります。

4. 属性別ターゲティング

Twitter広告では、属性別ターゲティングも利用することができます。属性とはそのユーザーが持つ特性のことで、性別や住所などを指します。

Twitterのユーザーアカウント開設時には性別を登録しませんが、名前、ツイートやフォローの傾向を分析して推測できます。

ただし、性別を指定すると、性別が不明なユーザーの場合はターゲットから外れるため、広告配信対象が少なくなる可能性が高いので注意してください。

5. 地域ターゲティング

属性別ターゲティングの1つで、ユーザーがいる地域を選んでターゲティングします。日本全国、エリア（関東・中部・関西などの地方）、都道府県、配信可能な国などを選んで指定することが可能です。

6. デバイスターゲティング

　Twitter広告の属性別ターゲティングでは、デスクトップPCやノートPC、スマートフォンの種別（iOS、Android）、タブレット、携帯電話など、ユーザーが利用しているデバイス（端末）でターゲティングすることが可能です。

7. テイラードオーディエンス

　テイラードオーディエンスは、自社で保有する顧客のデータを使ってリマーケティングを行うときなどに利用するターゲティングの手法です。利用するには、次の2種類の方法があります。

▶リストを使う

　顧客の電子メールアドレスのリストなどをアップロードしてターゲティングに利用します。また、@ユーザー名を指定して商品に関連する分野で影響力のあるユーザーをターゲティングすることも可能です。

▶ウェブサイトの訪問者データを使う

　自社ウェブサイトにタグを設置してサイト訪問者のデータを収集し、最近アクセスした人たちの情報をもとにターゲティングします。また、アプリでインストールや登録などの操作を行った人たちに広告を表示することもできます。利用するデータは、Twitterのウェブサイトタグ（Twitter広告管理画面から入手可能）やTwitterの公式パートナー、外部の測定ツールを使って収集します。詳しい設定手順は7章を参照してください。

これら7つのターゲティングすべてを使って、興味関心が「映画・テレビ」「音楽・ラジオ」で、「競合アプリ」「音楽番組」「ビジュアル系バンド」のフォロワーであり、性別は「女性」で「東京」在住の、「iOS」ユーザーに向けて配信することができます。

図表05-04 組み合わせてターゲティングする

その他のターゲティング

Twitter広告では、以下のようなターゲティングも可能です。

テレビ：テレビ番組・チャンネル・ジャンルなど、テレビに関するツイートをしているユーザーにリーチする

アプリカテゴリー：ユーザーがインストールしているアプリを判別して、アプリストアにあるカテゴリーでターゲティングする

イベント：正月・バレンタインデーなどの季節イベントや、特定のスポーツ、音楽のイベントに興味を持ったユーザーにリーチする

オリンピック、ワールドカップ、夏フェス、バレンタインデーなどのイベントやテレビ番組など、一気に多くの人の関心が集まるときをねらって広告を配信する企業もあります。Twitterでは、オリンピック放送時にテレビCMを実施するような感覚で、ずっと安価に広告を掲載することができるのです。

COLUMN　ターゲットの母数を知る

ターゲティングの精度を高めるうえで、ターゲットの母数を知ることは重要です。たとえば、看護師をターゲットとしている場合は、看護師全体の数を統計などを使って調べておきます。総看護師数が80万人なのに、広告配信数がそれを上回っていた場合、ターゲティングが広すぎるということになります。当然、看護師以外に配信されることが多くなり、クリック率も下がってしまうというわけです。

Twitter広告では、広告を配信したあと、どのフォロワーからエンゲージメントを獲得することが多かったかも確認できます。反応がなかったアカウントをターゲティングから外すなどして、さらに精度を高めるよう工夫しましょう。

フォロワーターゲティングのポイント

フォロワーターゲティングでは、特定アカウントを指定することによって、そのアカウントをフォローしているユーザーをターゲティングすることができます。Twitterならではの手法であるフォロワーターゲティングを成功させるには、ちょっとしたコツがあります。ここでは、そのポイントを事例とともに紹介しましょう。

ターゲットとするアカウント候補の見つけ方

まず、指定するアカウント候補の見つけ方について考えましょう。広告を見てほしい人たちが、どんなことに興味を持っているのか、なるべく具体的に思い浮かべます。たとえば、どんな雑誌を読んでいるか、どんな業界のニュースに興味を持ちそうか。あるいは、親和性の高い著名人や人気のあるタレントなどを推測してアカウント候補を考えます。

以下の表は、ターゲットが興味を持つであろうアカウントの例をまとめたものです。

広告を見てほしい人 （ターゲット）	ターゲットが興味を持つアカウントの例
25〜35歳女性全般	若い女性向けにファッションや化粧品などを訴求する場合、ファッションブランド、ファッションEC、ファッション誌、ファッション情報サイト、読者モデル、ファッションリーダー的な女優・タレント、メイクアップアーティスト、美容情報の専門サイトのアカウントなどが有効です。 雑誌やウェブメディアは、十代向け、主婦向け、高級ブランドに特化したものなど、細分化されているので、商品のターゲットに近い人がフォローしている適切なアカウントを選びましょう。 また、スーツや浴衣など身に着けるシーンが明確な商品では、ビジネス関連のアカウントや花火大会などのイベントの公式アカウントもおすすめです。

図表05-05 ターゲットが興味を持つアカウントの例　　　　　（続く）

(続き)

広告を見てほしい人 （ターゲット）	ターゲットが興味を持つアカウントの例
子育て中の母親	母親に子ども向けの商品を訴求するなら、子ども向け写真館、子ども向け教材メーカー、母親向け雑誌、子育てQ&Aなどのアカウントをチェックしてみましょう。 また、仕事をしながら子育てをしている女性が多い現在、「時短」もキーワードになります。手間をかけずにおいしい料理を作りたい、住まいを心地よく整えたいといったニーズに応えるライフスタイル系のアカウントを検討してみてもよいでしょう。
キッズモデル 志願者の母親	「子育て中の母親」をさらに絞り込んで、キッズモデルオーディションの広告を掲載する場合は、「おしゃれな子ども服ブランド」アカウントのフォロワーを選ぶと効果が上がるかもしれません。キッズモデルに興味がある母親は、子どものファッションにも興味があるというわけです。
原宿が好きな ファッション敏感層	原宿の新店舗の場合は、「ラフォーレ原宿」などの地名の入った有名店舗アカウントのフォロワーに広告を表示しましょう。ローカルビジネスが広告を掲載する場合は、このように地名の入った店舗アカウントのフォロワーをターゲティングするのがおすすめです。
夜行バス利用者	たとえば、「東京ディズニーリゾートPR【公式】」フォロワーのうち、関東近辺を除いた地方のファンをターゲティングしてみましょう。同様に、LCCなどを含む格安チケットなどは、SMAPやEXILEなど全国ツアーをするアーティストのファンをターゲティングするのに利用できそうです。
転職を考えている 薬剤師	専門性の高い職業の求人の場合、業界ニュースや専門の情報サイトのアカウントがあるため、比較的選定は容易です。薬剤師向けニュースサイト、薬剤師求人情報、薬剤師国家試験対策などのアカウントがおすすめです。また、「転職」という目的を考えると、医療関係者の悩み相談やQ&Aなどのアカウントも有効です。
人事採用担当者	人事も専門性が高い分野なので、人事雑誌、人事のコツ、人材育成、社員研修などのキーワードでアカウントを検索してみましょう。新卒、中途採用、アルバイト、派遣社員など、獲得したい人材に適したアカウント候補を探します。 転職を考えているビジネスパーソンがターゲットなら、経済紙やビジネス情報誌、ビジネス情報番組のアカウント、自社が属する業界のニュースサイトのアカウントなどを指定してみましょう。 就職活動中の学生に広告を配信する場合、就活アカウントには年度別のもの（「就活2015」など）とそうではないものがあるので、古い年度のものは外し、今年度のものだけを選ぶなどの注意が必要です。
法人向け商品・ サービス	法人向け（BtoB）商品・サービスの場合は、たいてい業界ニュースを発信しているアカウントがあるので、主要なものを押さえていきましょう。ファッション業界ならファッション専門ニュースなど、ビジネスパーソンなら、経済専門の新聞や雑誌のアカウントのフォロワーをターゲティングするのもよいでしょう。

具体的なアカウントの探し方

次に具体的なアカウントの探し方です。たとえば、ファッション系アカウントを見つけたい場合は、広告管理画面で「フォロワー」を選び、ファッション誌や女性に人気のキュレーションメディアの@ユーザー名などで検索します。

検索欄の下の「@○○、@××などの@ユーザー名を追加」というリンクをクリックすると、関連性が高いアカウントが一覧で表示されるので手動で選んでいきます。このとき「全て」を選べばまとめて一度に選択することができます。

図表05-06 「ユーザー名を検索」欄に@ユーザー名を入れて検索し、「@○○、@××などの@ユーザー名を追加」をクリックして、追加していく

図表05-07 最初に追加した@ユーザー名の類似アカウントがおすすめのユーザーとして表示されるので、追加するアカウントを選択

また、「追加する@ユーザー名をTwitterで検索」をクリックすると、「高度な検索」画面が表示され、単語、ユーザー名、地名、日付などを指定して検索できます。「あのアカウントの@ユーザー名はなんだっけ？」というときに活用しましょう。

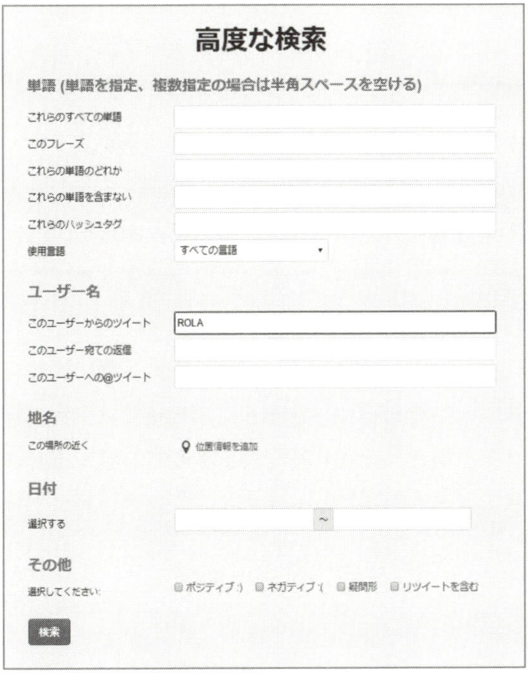

図表05-08 「高度な検索」画面

キーワードターゲティングのポイント

キーワードの指定

　キーワードターゲティングでは、指定したキーワードでツイートしたり検索したユーザーに広告を表示できます。広告管理画面で、「キーワード」を選び「アプリ　ゲーム」などの単語を入力して設定を行います。

　キーワードの指定には一致と除外の2つがあります。一致は、そのキーワードが含まれるツイートや検索をしたユーザーに広告を表示したいときに指定します。逆に除外は、そのキーワードを含まないツイートや検索をしたユーザーをターゲティングしたいときに指定します。

　設定画面では、「マッチ」欄に一致するキーワード、「除外」欄に除外するキーワードが表示されます。除外するキーワードには先頭にマイナス記号「-」が付きます。「マッチ」欄と「除外」欄に表示されている×印をクリックすると、その欄に指定されたキーワードはすべてクリアされます。

図表05-09「マッチ」と「除外」

　同じ一致でも、「部分一致（順不同）」と「フレーズ一致」があります。「部分一致（順不同）」は、「アプリ　ゲーム」のように複数のキーワードを入力したときに、すべてのワードがどのような順番で含まれていても一致したとみなします。そのため「アプリ　ゲーム」でも「ゲーム　アプリ」でも一致とみなされます。

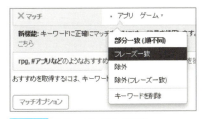

図表05-10 「フレーズ一致」の指定

　一方「フレーズ一致」は、すべての言葉がこの順番どおりでなければ一致したとはみなしません。設定画面ではフレーズ一致を表す""でキーワードがくくられた状態で表示されます。また、「部分一致（順不同）」と「フレーズ一致」のいずれも類義語が含まれる可能性があります。類義語によるキーワードマッチを避けたい場合は、キーワードの先頭にプラス記号「+」を付けます。

　同様に、「除外」は順番を問わず、すべてのキーワードを含むものを除外し、「除外（フレーズ一致）」は、順番どおりに含んでいるものを除外します。

迷ったら、キーワードの候補を表示してみる

「アプリ」というキーワードを指定したところ、欄の下に以下のようにおすすめキーワードが表示されました。さらに多くのキーワードを見たいときは「リーチを拡げましょう」をクリックします。

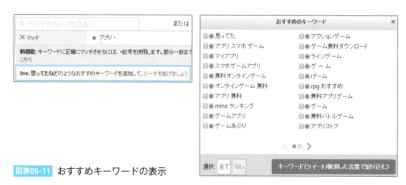

図表05-11 おすすめキーワードの表示

ここに表示されたキーワードを見ると、「思ってた」という話し言葉が出てきたり、「無料」という言葉が多いことに気づきます。Twitterは、何気ない気持ちをツイートする場と考えれば、話し言葉を指定するのもよい考えでしょう。また、「無料」というキーワードがユーザーの興味を引きそうだということもわかります。このように、キーワードの選択に悩んだときは、ここで検索して、使えそうなキーワードを探すのに活用しましょう。

**事例で考える
良いターゲティング・悪いターゲティング**

さらに効果を高めるためには、固定観念にとらわれずに、商品やサービスに合ったターゲティングを発想することが大切です。そのヒントを具体的な商品事例から考えてみましょう。

1.「ヘアケア製品」の事例

ヘアケア製品のネット通販を行う場合、その商品はジャンルとしてはどこに位置すると思いますか。多くの人がヘアケア商品は「化粧品・美容系」ととらえ、さらに「シャンプー・リンス」など具体的な製品のアカウントに落とし込んでターゲティングをすると思います。しかし、正攻法でもうまくいかない場合があります。

そういう場合には、以下の図のように商品のニーズを分けていき、どのような目的で買われるものか（具体的なニーズ）もあわせて考えることで、アカウントの選択の仕方が変わってきます。

ヘアケア製品を、化粧品・美容系か、髪質改善を求めているのか（サラ

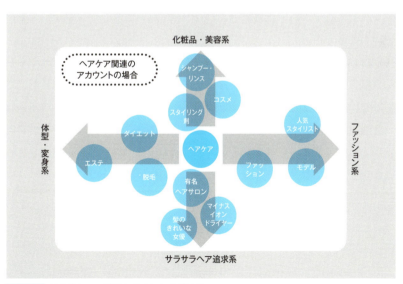

図表05-12 具体的なニーズでセグメントを分ける

サラヘア追求系）、変身するためのツール（体型・変身系）なのか、ファッション系ととらえるのかによって方向性は変わります。たとえば、サラサラヘアを求めるユーザーは、髪のきれいな女優アカウントで訴求すると響くでしょう。体型も含めて変身することに興味があれば、エステなどと一緒に訴求してもよいかもしれません。また、ニーズに合わせてクリエイティブを変えることも大切です。

　なお、この事例では、「ファッション系のモデルのアカウント」でターゲティングしたときに一番効果が表れました。つまり、このヘアケア製品はファッションの一部として求められていたことになります。

2. 「黒にんにく」の事例

　黒にんにくは免疫力を高め、抗酸化パワーを持ち、血液をサラサラにする効果が期待できる健康食品です。多くの人はキーワードターゲティングを選択すると思いますが、この商品が必要な人はどんなキーワードが効くと思いますか。

　結論から言ってしまうと、「にんにく」というキーワードでは、思うような効果は出ませんでした。黒にんにくが必要なときはどのような状況なのかを考えれば、良い言葉を思いつくかもしれません。そう、疲れを感じているときです。

　「疲れた」とツイートした人をキーワードターゲティングして黒にんにくの広告を表示したところ、従来の50〜60代の黒にんにく関心層だけではなく、30〜40代の働き盛りの男性の獲得に成功しました。

　疲れを感じている人にリーチすることで、ニーズを喚起することができたというわけです。その商品の本質を見極め、どのようなニーズに合致するのかを考えてターゲティングをするよう心掛けましょう。

3. 「シルバーアクセサリー」の事例

　シルバーアクセサリーを販売する場合は、キーワードとして「アクセサリー」がすぐに思いつきますが、幅がありすぎてノイズ（関係のないユーザー）が多くなりそうです。そこで、シルバーアクセサリーを身に着けるユーザーの趣味嗜好を考えてみましょう。

　シルバーアクセサリーには、スカル（頭蓋骨）モチーフやゴツゴツした指輪などに代表されるハードなイメージがあります。このようなテイストを好む人たちは、どんな音楽を聴いているのか想像してみるとよいかもしれません。

　この場合、「アクセサリー」というキーワードではなく、「EXILEが好きな人」をターゲティングした方が新規顧客獲得率が高くなりました。

　このように、自社商品・サービスの世界観やテイストを好む人が、**他にどんなものが好きなのかを見つけ出してターゲティングする**ことで、これまでアプローチできなかった層にリーチできる可能性が高くなります。

シルバーアクセサリーを身に着ける人が好むものは？
- ファッションは革ジャン、Tシャツ、デニムが好き
- 乗るならバイク
- 音楽ならEXILEが好き
- お酒はバーボンが好き
- 好きな俳優は…

図表05-13　シルバーアクセサリーを身に着ける人が好むものをイメージする

4. 「金融・保険商品」「恋愛・結婚サービス」の事例

　視点を変えて、結婚や引っ越しなど、「生活の変化」をとらえる方法もあります。たとえば、金融・保険商品の場合は、毎月6万人ほどみられる「結婚した」ツイートにキーワードターゲティングすると効果的です。結婚をきっかけに、保険や金融商品などに興味を持つ人が多いためです。

　恋愛・結婚に関わる商品の場合は、毎月10万人ほどみられる「彼氏ほしい」、毎月13万人ほどある「彼女ほしい」ツイートでキーワードターゲティングができます。ユーザーの側からニーズを口にしているのですから、それを活用しない手はありません。

　このように「入学」「進学」「就職」「結婚」「妊娠」「出産」などの人生のステージが変わるときにニーズが発生する商品・サービスは、キーワードターゲティングでその瞬間をとらえて広告を掲載することで、より高い効果を得られるはずです。

ターゲティング事例1：「カラーコンタクト」のキャンペーン

最後に、具体的な広告キャンペーンのプランと一緒にターゲティングについて考えてみましょう。

商品として「カラーコンタクト」を取り上げます。自分がカラーコンタクトショップの担当者になったと仮定して考えてみてください。キャンペーンを設計する際の手法として、ここではユーザーをセグメント（同じ特性を持つユーザーのグループ）に分けて、「ユーザー×シーン＝セグメント」という公式を使ってみましょう。

たとえば、ユーザー層の特性は、「海外セレブへの憧れ」「コスプレイベント参加者」「美容意識高い系女子」「ビジュアルバンド好き女子」「目ぢからこだわり女子」などが思い浮かびます。利用シーンとしては、「仮装パーティなどのイベント」「デート・合コン」「海外旅行」「日常使用」などがあるはずです。

ここまで考えたら、セグメントはユーザーとシーンを掛け合わせた数だけ出てきます。これによって、「いつ」「誰に」アピールするべきなのかをはっきりさせます。まとめると以下の図のようになります。

図表05-14　カラーコンタクトのユーザー・利用シーン・セグメント

今回のキャンペーン設計では「コスプレイヤーのイベント購入ニーズ」を例にして考えていきます。

ターゲティング

　Twitterのアカウント候補はたくさんあります。コスプレイヤーがフォローしていそうなアカウントは、人気コスプレイヤー、コスプレ系イベント、通販アカウントの他、コスプレのテーマとなるマンガや映画のアカウントなどが思いつきます。実際のコスプレイヤーのアカウントを見つけて、フォローしているアカウント一覧を確認すると参考になるはずです。

　キーワードターゲティングをする場合、コスプレイヤーがツイートしていそうな単語は、「コスプレ」「カラコン」「コミケ（コミックマーケット）」などが考えられます。

クリエイティブ

　一般ユーザーが利用するカラーコンタクトは通常、茶色系です。ところが、コスプレに限っては青や白など特別な色を使用します。遠くから見ても目の色がはっきりとわかるものが好まれるのです。

　そこで、感覚に訴える右脳訴求ポイントとして、「発色」メインの訴求をするとコスプレイヤーに響きます。これに、合理性をアピールする左脳訴求ポイントとして「期間限定価格」「送料無料」などの購入インセンティブのようなメリットがあると背中を後押しする効果につながります。

入札・予算

　CVR（コンバージョン率）を考えると、CPC（クリック単価）は40円以下に抑えたいところです。そこで、上限入札単価を少し上の60円くらいに設定しておきます。月間100万円の売上を目指す場合、予算日額は4万円と設定します。

```
                    ┌─────────────────┐
                    │  コスプレイヤーの  │
                    │  イベント購入ニーズ │
                    └────────┬────────┘
                             ▼
```

ターゲティング	クリエイティブ	入札・予算

アカウントが豊富
・コスプレイヤー
・コスプレイベント
・コスプレ通販
・コスプレのテーマ
　となるマンガ・映画

キーワードも豊富
・コスプレ
・カラコン
・コミケ

コスプレなので
色がわからないとダメ
→発色メインの訴求
　　　＋
購入インセンティブ訴求
・期間限定価格
・送料無料

規模を追求したいので、
最初から入札金額を
低めにしすぎない
CVRを考えると
40円以下に抑えたい
　　　↓
**60円の上限入札単価、
月間100万円の売上を
作りたいので逆算して
日額4万円からスタート**

ターゲティングをアカウントとキーワードに分けて2種類、
クリエイティブは1種類で2×1＝2種類作成

図表05-15 カラーコンタクトのキャンペーン設計例

ターゲティング事例2：「旅行予約アプリ」のキャンペーン

次は、国内旅行予約アプリの広告キャンペーンを考えましょう。ここでも「ユーザー×シーン＝セグメント」の公式を使います。

ユーザーのセグメントとしては、「出張が多いビジネスパーソン」「帰省が多い地方出身者」「ドームツアー行脚」「ディズニーリゾートに遊びに来る地方在住者」「単身赴任ビジネスパーソン」などが考えられます。また、利用シーンとしては、「長期休暇（正月など）の前」「出張直前」「週末ごと」などになるでしょう。

セグメントとしては、「直前予約が多いビジネスパーソン」「全国ツアーのあるアーティストのファン」「頻繁に帰省する若者」「長期休暇前の地方出身者」「ディズニーランド好き」などが考えられます。

多くの人はもっと安く予約したいと考えていると想定できるので、LCC（格安航空会社）をカバーしているかどうかも気になるポイントです。「夏休み」や「年末年始旅行」など、季節に関連したニーズを喚起させるキーワードも重要でしょう。

そこで、感覚に訴える右脳的訴求ポイントとして、「JAL／ANAより安い」「LCCもカバーしている」「最安値を検索できる」「夏休みの旅行計画

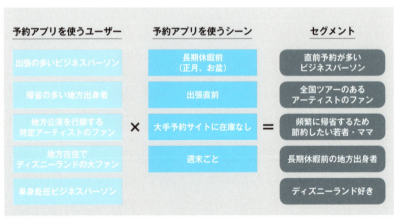

図表05-16 国内旅行予約アプリユーザーのセグメントと利用シーン

立ててる？」「格安航空券見逃してない？」などが考えられます。合理性をアピールする左脳的訴求ポイントとしては、「○○したら5,000円引き」などのインセンティブ、「直前予約でも安い航空券が見つかる」などの差別化材料、「Google Playランキング3位」などの安心材料があると効果があるはずです。

　具体的なキャンペーン設計を考えていきましょう。ここでは、「直前予約が多いビジネスパーソン」をターゲティングするプランを設計します。

ターゲティング

　旅行関連のアカウントは豊富にあります。旅行予約競合アカウント（HIS、JTB、じゃらん、近畿日本ツーリスト、日本旅行など）、旅行関連アカウント（旅行のおすすめ情報）などが候補になるでしょう。キーワードは「旅館」「連休」「格安航空券」など、旅行に関連する言葉をツイートしている人は興味を持ってくれる可能性が高いと考えられます。

クリエイティブ

　旅行予約アプリは競合が多いので、「直前予約」で差別化したり、LCCも豊富にカバーしていて安いという価格訴求がおすすめです。さらに、「レビューで5,000円割引」などのお得感のある購入インセンティブがあると、インストールを後押しする効果につながります。ターゲティングする際には、アカウントとキーワードで合計3種類、クリエイティブ2種類を掛け合わせ、3×2＝6種類くらい作成するといいでしょう。

入札・予算

　広告を配信するオーディエンスの数は多いと考えられます。規模を追求したいのなら、最初から入札額を低めにしないのがおすすめです。上限入札単価を150円として月間5000件程度のダウンロードにつなげることを目標に、日額6万円からスタートするといった規模感で考えてみましょう。

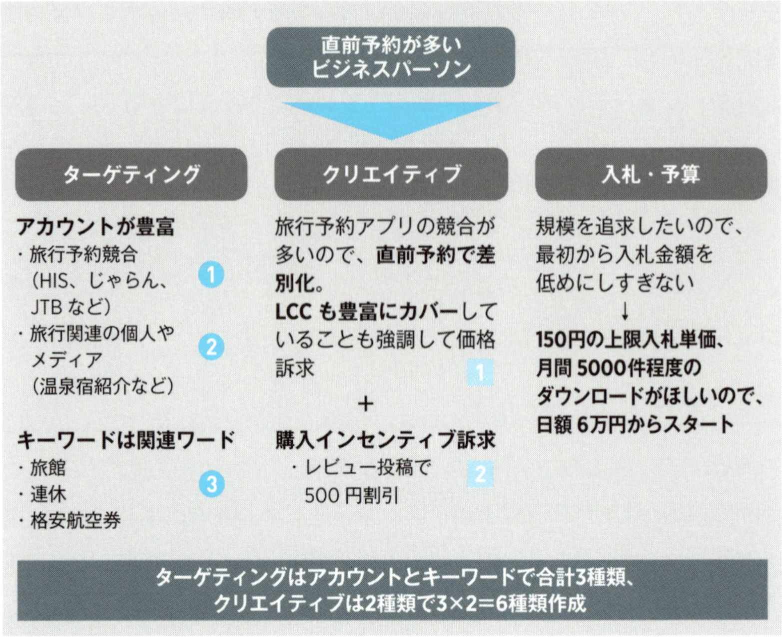

**直前予約が多い
ビジネスパーソン**

ターゲティング

アカウントが豊富
・旅行予約競合
　（HIS、じゃらん、
　JTB など） ①
・旅行関連の個人や
　メディア
　（温泉宿紹介など） ②

キーワードは関連ワード
・旅館
・連休 ③
・格安航空券

クリエイティブ

旅行予約アプリの競合が多いので、**直前予約で差別化。**
LCC も豊富にカバーしていることも強調して価格訴求 ①

＋

購入インセンティブ訴求
・レビュー投稿で
　500 円割引 ②

入札・予算

規模を追求したいので、最初から入札金額を低めにしすぎない
↓
150円の上限入札単価、月間 5000件程度のダウンロードがほしいので、日額 6万円からスタート

ターゲティングはアカウントとキーワードで合計3種類、
クリエイティブは2種類で3×2＝6種類作成

図表05-17 国内旅行予約アプリのキャンペーン設計例

↗ Twitter広告 運用ガイド

CHAPTER 06

広告運用のポイント②
クリエイティブ

クリエイティブの考え方

　Twitter広告は、1つのツイートの中で必要な情報をわかりやすく伝えることが必要です。ポイントは、ユーザーの求める情報と要らない情報の取捨選択です。たとえば商品名は企業側からすれば最初に言いたいことの1つですが、他の情報を優先すべき場合もあります。Twitterは「はじめにニーズありき。一方的に商材訴求する場ではない」のです。伝えたいメッセージがたくさんある場合は、1つのツイートに詰め込まず、分割するのもコツです。

　Twitter広告のうち、本章では「プロモツイート」のクリエイティブ（広告原稿）について解説します。以下の図はプロモツイートの画面を表しています。通常のツイートと構成要素は変わりませんが、ツイートの下部に「プロモーション」という表記が入ります。また、目的に応じた「Twitterカード」を用いて、ユーザーのアクションを喚起することができます。

図表06-01　プロモツイートの構成要素

クリエイティブで気をつけるべきポイント

　成功例にはさまざまな種類がありますが、失敗例はどれも似通っています。そこで、まず「クリエイティブで気をつけるべきポイント」をいくつか整理しておきましょう。

- 最初の1行目を重視する
- 改行を上手に使って読みやすく
- 目立つことを優先せず、わかりやすく伝える
- 割引を押し出しすぎず、商材の良さをアピール
- 「インストール」など、次のアクションを明確に

　基本的に、奇をてらいすぎたり、情報量が多くても少なくても失敗します。限られたスペースの中で、どう必要な情報をきちんと伝えるか。ここが知恵の絞りどころです。

　多くの人はスマートフォンでどんどんタイムラインをスクロールしていきます。広告がそのタイムラインに掲載された瞬間に目に留まり、思わずクリックしたくなるような工夫が必要です。

　ポイントは、右脳で「ハッ」とさせて、左脳で「納得」させること。これを一瞬のうちに実現することが必要です。

良いクリエイティブのヒントは普段のツイートにも

　普段のツイートで反応が良かった表現をクリエイティブに活かすのもよい方法です。Twitterの「アナリティクス」を使えば、普段のツイートの成果を詳しく調べることができます。アナリティクスの使い方は7章を参考にしてください。

> ユーザーからのフィードバック　　　　　　　　　COLUMN

142ページのプロモツイートの画面を見ると右上に×印があります。ユーザーがこれをクリックすると以下のような画面が表示されます。4つの選択肢のうち上の3つを選択すると、その広告は非表示になります。これはネット広告全般に備わっているフィードバック機能です。

ネガティブなフィードバックが多い広告は掲載停止になったり、そのアカウントから広告を掲載できなくなることがあるので、十分注意しましょう。

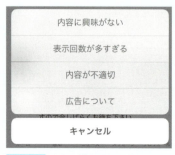

図表06-02　広告に対するユーザーからのフィードバック

クリックされやすいツイートの作り方

　Twitter広告では、文章、画像、動画を組み合わせることができます。

　文章では、ツイートの1行目を最大限に重視します。ここには、アイキャッチとなる右脳的要素を入れ込みます。【40代の男性限定】のように「これは自分のための情報だ」と感じさせ、共感を得やすい言葉が必要です。

　2行目以降は左脳的要素で納得してもらい、購入やインストールにつながる情報を入れます。価格や割引などを具体的に記述しましょう。最後は、Twitterカードを使って「今すぐ登録」「インストール」などのボタンでアクションを喚起します。

　ツイートの役割は、ユーザーに読んでもらうだけでなく、最終的にリンクをクリックしてもらうといったアクションを引き出すこと。クリック率が高いツイートを作るためには、Twitterユーザーの特性を理解することが重要です。画像も大切ですが、実はツイート文がクリック率に影響を与える傾向にあります。具体例とともに、ツイート文のポイントを3つ挙げておきます。

ツイートの1行目と画像	右脳的にハッとさせる訴求ポイントを具体的に商材がわかるように表現
ツイートの2行目以降	左脳的に納得・安心して購入・登録・申し込む理由を簡潔に表現
ツイートの最後	「インストール」「今すぐ登録」など、引き出したいアクションを1つ示す

図表06-03　クリックされやすいツイートの作り方

①ターゲティング層に合わせる

「このツイートは自分に向けて発信されている」とユーザーが感じることで、リンクのクリック率が高まります。ターゲット層に合わせたツイート文にしましょう。

例）赤ちゃんモデルの募集に「あんよできたね」、
　　カラーコンタクト販売に「コスプレ、フェス、パーティ」など

②季節感、時事性を取り入れる

季節感や時事性を取り入れることで、リンククリック率も高まります。同じ訴求でも季節に合わせて変えるのがおすすめです。

例）「夏に向けてダイエット」「母の日プレゼントもう用意した？」など

③Twitterのトレンドをつかむ

Twitterユーザーが反応しやすいトレンドワードも効果的です。「Twitterトレンド」に出てくるワードを自社の商品・サービスにうまく結びつけてストーリーを作ります。Twitterアプリでは、虫メガネのアイコンをタップして検索画面を表示するとTwitterトレンドを見ることができます。また、絵文字や顔文字、アスキーアートなども効果的です。

絵文字も効果的に使う

若い人たちのツイートを見ていると、さまざまな絵文字や記号を使っていることに気づきます。こうした表現は大企業のプロモツイートでも使われており、ターゲットに応じてぜひ活用したいポイントの1つです。絵文字の入力はスマートフォンで行うのがよいでしょう。

図表06-04 スマートフォン入力できるさまざまな絵文字

人の目を引くコピーとは

さらにツイート文を魅力的なものにするために、コピーライターになったつもりで、人の目を引くコピーの書き方について考えてみましょう。コピーのポイントは2つ。当たり前ではない特別な訴求ポイントを打ち出すこと、具体性を持たせることです。

ポイント①　特別な訴求ポイントを打ち出す

特別な訴求ポイントを打ち出すには、どこかで聞いたことのあるような言葉や、ありきたりな表現はNG。**他にはない特徴**を打ち出すことで、"選ぶ理由"ができます。

```
ピザ店のコピー例：
 ×　本場イタリアの釜で焼いたピザ
 ○　今しかない、桜エビのピザは渋谷店のみ
```

```
ヘアケア製品のコピー例：
 ×　髪の毛サラサラコンディショナー
 ○　表参道の有名美容室が使うヘアケア
```

```
動画で学ぶ英会話学習サービスのコピー例：
 ×　英語が話せるようになる動画
 ○　「二股かけられた」を英語でなんて言う？
```

ただのピザではなく、今しか味わえないピザ。「サラサラ」というありきたりな表現ではなく、プロに認められていることをアピールする。「〜ができる」ではなく、意表を突く一文を入れる。さまざまな角度からアプローチするよう心掛けましょう。

ポイント②　数字で具体性を持たせる

　数字は、メッセージに具体性を与えてくれます。「昨年度○○販売ランキング1位」「10万人のビジネスマンが納得した英語学習サービス」など、「ランキング」「値段」「販売数」「割合」といった、売りにつながる数字を入れることで、コピーが具体的になり、ユーザーも目を引きつけられます。

- ×　大人気大好評リピート続出
- ○　アプリランキングで1位！すでに10万人が使っている

- ×　Aブランド高額買い取り！
- ○　Aのネックレスを54,800円で買い取り！

　特別な訴求ポイントを打ち出すこと、具体性を持たせること。この2点を意識することで、より"自分ごと"としてとらえやすくなり、反応率もかなり変わるはずです。何パターンか用意して、自社の顧客層には何が響くのかを探っていきましょう。

図表06-05　自分ごととして受け入れてもらうことが大切

効果的な画像の作り方

画像のインパクトは大切です。1枚の写真は、瞬時に人の目を引きつけ、長い文章で説明するよりも多くの情報を伝えてくれます。画像をスマートフォンで見たとき何の画像かわからない……といったことのないようにしたいものです。

広告に適した画像とは

タイムラインをスクロールしているときに、ふとその手を止めさせる画像。ツイート文を読まなくても何の広告かわかる画像を選びましょう。

画像の中に文字を含んでいると、なお効果的です。以下の図は脱毛クリックの広告の例です。1つは月々の利用料金が「8,200円」と大きく具体的に入っています。もう1つは、スタッフが全員女性であることを2行のコピーで表現しています。この場合、前者のほうがより高い効果が得られます。具体的な値段、日付、場所などが大きく載っていた方が、ユーザーの目を

図表06-06 画像の中に具体的な文字情報を入れる

引きつける効果があります。

　こうした文字の扱い方は、スーパーのチラシなどを参考にしてもいいでしょう。写真素材が少ない場合も、文字でインパクトを出すことができます。

機材やソフトがない場合

　「撮影機材や画像加工ソフトを持っていないから、広告用の画像を作るのは無理」という方は多いのですが、現在ではスマートフォンでもキレイな写真が撮れますし、動画も撮影できます。テレビCMのような品質でなくとも、十分に訴求力を高めることができます。

　また、パソコンに入っているビジネス用ソフトウェアを活用してみるのもいいでしょう。たとえば、プレゼンテーション資料の作成ツールであるPowerPointは、簡単に画像や文字のレイアウトができ、Twitter広告で使えるPNG形式で保存することもできます。ぜひ、トライしてみてください。

図表06-07 PowerPointで簡単なレイアウトも可能

 動画を使う

　Twitter広告で動画(プロモビデオ)を利用すると、高い認知獲得効果が期待できます。動きや音声など情報量が多く、ユーザーに多くのことを伝えることができるからです。また、**PCでもスマートフォンでもタイムラインに表示された動画は自動再生される**ため、見てもらえる確率は高くなります。特に、タイムラインにその動画が現れてからの**最初の3秒間**でユーザーの心をつかむことが何より大切なのです。

使用可能な動画ファイル

　Twitter広告の場合、ファイル形式はMP4またはMOVに対応しています。ファイルサイズには特に制限はないものの、1GB未満を目安にするといいでしょう。利用できるビデオの長さは10分以内ですが、あまり長いものは敬遠される可能性があります。10秒から1分程度におさめるのがよさそうです。

　動画を付けたTwitter広告を投稿する場合、ツイート文は主役ではありません。動画を見たくなるようなコピーを添えるようにしましょう。

動画の設定

　ツイートで動画を使用するときは、キャンペーンの新規作成メニューから「動画の再生数」を選びます。

図表06-08 「動画の再生数」を選択

クリエイティブの設定画面に進み、「ここでツイートを作成します。」欄をクリックすると、以下のような動画の設定画面が表示されます。ビデオカメラのアイコンをクリックします。

図表06-09 ビデオのアイコンをクリックする

「ライブラリから動画を選択」画面が表示されたら、「動画ライブラリに移動してください。」と書かれたリンクをクリックします。「Twitter動画再生アプリ利用規約」（英語）が表示されるので、「同意します」にチェックマークを入れ「OK」ボタンを押します。

図表06-10 「最初の動画をアップロードする」ボタンをクリック

「最初の動画をアップロードする」ボタンをクリックすると、動画ファイルの選択画面になるので、ファイルを指定し、「開く」ボタンをクリックします。アップロードが始まり、「処理中」の表示が消えたら「右下」にあるブルーの「ツイートする」ボタンを押します。ツイート文のほか、必要に応じて、タイトル、動画の説明などを入力し、ボタンの表示設定を行います。

図表06-11 ツイート文などを入力する

「Add a call to action（optional）」をクリックすると、ボタンに表示するテキストの選択とURLの入力が可能になります。ここでは「今すぐ見る」を選択し、ボタンを押すと表示されるウェブページのURLを設定します。

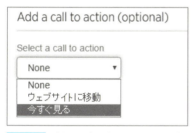

図表06-12 ボタンに表示するテキストを選択

最後に「Allow video to be embedded」にチェックマークを入れて、ツイートに動画が埋め込まれるように設定し、「Promoted-only」を選択して広告として表示することを指定します。「Standard delivery」を選択すると、通常の動画ツイートとして表示されます。

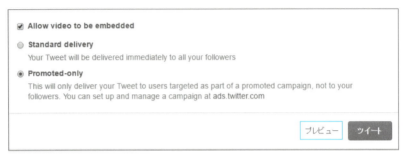

図表06-13　動画の埋め込みとプロモツイートの設定を行う

設定後は必ず「プレビュー」をクリックして表示内容を確認しましょう。内容がOKなら最後に「ツイート」ボタンをクリックします。

図表06-14　ツイートのプレビュー画面

動画で雰囲気を伝える

　レストランやホテル、専門学校など、雰囲気を重視した訴求を行う場合も動画が有効です。このとき、スタッフや学生など人の顔を出すと安心感につながります。専門学校の学生募集に関するTwitter広告で、ユーザーにリツイートされるのは圧倒的に動画の広告です。実際の授業風景を動画で見せたり、講師や学生にインタビューしたり、保護者が登場するものもあります。「こういう人たちがいるところなんだな」と雰囲気が伝わり、安心につながります。

　さらに、商品の値段、求人なら採用基準など、できるだけ具体的に情報を伝えることも忘れずに。映像素材が豊富にあるなら、しっかり構成してメリハリをつけ、興味を持ってもらえる内容に編集しましょう。

GIFアニメもおすすめ

　効果は高いけれど、動画を作成するとなると敷居が高いと感じる場合、おすすめなのはGIFアニメです。

　GIFアニメとは、パラパラ漫画に似た原理で、複数の静止画像を組み合わせて動画風に見せるもの。画像をアップロードするだけでできる無料のサービスBannerkoubou.com（http://www.bannerkoubou.com/anime/）などを使えばGIFアニメを簡単に作成できます。その後MP4などの形式にファイル変換できる無料サービス（http://gif2mov.click/など）を使うと、静止画から動画を作成することができます。

「Twitterカード」を活用する

　Twitterでは、ツイートにURLを入力すると、そのウェブページに含まれる情報がカード形式で表示されます。これは「Twitterカード」と呼ばれています（ウェブサイトに、OGP（Open Graph Protocol）設定がされている場合に表示されます）。

図表06-15　OGP設定がされているウェブサイトのURLを入力したところ

　Twitter広告で利用可能なTwitterカードは、これをさらに発展させたもので、ボタンを表示したり、自由に画像や動画を設定することができます。ここでは主要な3つのTwitterカードを紹介します。いずれも使用可能な画像は、横800ピクセル×縦320ピクセルの横長の画像で、ファイルサイズは最大3MBまで、ファイル形式はPNGかJPEGです。以下のように画像を切り抜かなくても、広告の設定画面で切り抜きの調整ができます。

図表06-16　設定画面で、画像をドラッグしたり、スライドバーを使って調整できる

図表06-17 ウェブサイトカード

▶ウェブサイトカード

ウェブサイトやキャンペーンページなどへの誘導に最適なカードです。ツイートのどのエリアをタップしてもリンク先のURLにジャンプします。

図表06-18 アプリカード

▶アプリカード

アプリカードは、スマートフォンアプリのダウンロードや起動を促すために、多くの広告主に活用されています。iTunes StoreやGoogle Playのようなアプリストアの詳細ページを指定することで、★の数や評価を自動表示できる点が特徴です。

「インストール」ボタンも表示されるので、タップすれば該当するアプリストア内のページへ移動して、インストールをすることができます。

図表06-19 リードジェネレーションカード

▶リードジェネレーションカード

リードジェネレーションカードは、見込み顧客（リード）情報を取得するためのカードです。ユーザーがボタンをタップすると、ユーザー名やメールアドレスが入力することなく送信されます。また、リード情報が送信されたことをユーザーに伝えるメッセージを入力することができます。

ボタンに表示する短いテキストも任意に指定できます。

ケーススタディ：
カラーコンタクトショップの広告

商品の訴求ポイントから、どのようにクリエイティブまで落とし込むか。ここでは、カラーコンタクトショップの広告を考えてみましょう。

キーワードの選び方

カラーコンタクトを購入するユーザーは、どのような言葉に引きつけられるのでしょうか。カラーコンタクトは一般的に、目を大きく見せたい場合やハーフ顔に見せたい場合などにつけることが多いもの。実際、カラーコンタクトを買うユーザーのアカウントは、目に関するツイートが多い傾向にあります。つまり、目に関することへの関心が高く、目についてのキーワードに反応する可能性が高いということになります。

感覚に訴える右脳的訴求ポイントは「目」まわりワードです。たとえば「デカ目」「くりくり目」「ハーフ顔」「高発色」「涙袋」「瞳になじむ」「上品発色」「小悪魔顔」などが考えられます。このように、右脳的訴求ポイントを押さえて、自分ごととして広告が目に留まるようにします。キーワードを考える際には、自社の商品・サービスのユーザー層の興味関心を調べておくといいでしょう。

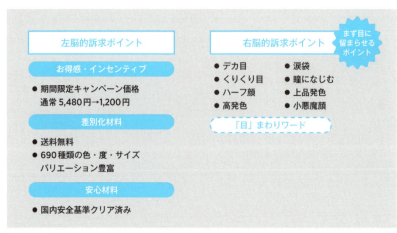

図表06-20 カラーコンタクトを例にしたキャンペーン設計

次に、論理的に納得してもらうための左脳的訴求ポイントです。こちらは「お得感・インセンティブ」「差別化材料」「安心材料」などをアピールしていくことになります。この商品を選ぶメリットをわかりやすく伝えることがポイントです。

お得感・インセンティブを表す例としては、「期間限定キャンペーン価格で今だけ○○円→△△円」などがあります。差別化材料としては、「送料無料」「□種類の色・度・サイズのバリエーションが豊富」などの特徴が入ります。安心材料としては、「国内安全基準クリア済み」「昨年度売れ行き1位」などの品質や実績が押し出します。

右脳と左脳、この両方に訴えるクリエイティブを作ることで、広告の効果はどんどん高まっていくはずです。

画像の選び方

画像についても、わかりやすさと訴求したいポイントを重視しながら、インパクトのあるものを選びましょう。色のバリエーションを伝えたいのか、コスプレパーティでも映える華やかさをアピールするのかによって、使う画像は異なるものになるはずです。

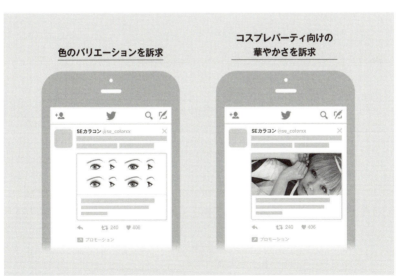

図表06-21 訴求したいポイントで画像の選び方は異なる

クリエイティブをテストする

　広告では、どのようなクリエイティブが正解かは単純には言えません。なぜなら、ある商材では効果の良かったクリエイティブのパターンが、別の商材でも良い結果が出るとは限らないからです。

　こうした場合、ネット広告ではテストを実施して、効果の高いクリエイティブを探っていきます。画像や文章を複数パターン用意して配信し、ユーザーの反応を比較しながら効果的なクリエイティブを調べる手法を「A/Bテスト」と言います。

　A/Bテストの基本的な考え方は以下のようになります。

◎反応の良いツイート文を知りたい
→画像は同じにして、ツイート文のみ違うものを用意する

◎反応の良い画像を知りたい
→ツイート文は同じにして、画像のみ複数パターン用意する

◎反応の良い画像内の文字情報を知りたい
→ツイート文と画像は同じにして、画像に載せる文字を
　複数パターン用意する

◎ユーザーのニーズを知りたい
→訴求ポイントが違う広告を複数用意して、結果が高いものから
　ニーズを知る

◎反応の良い広告フォーマットを知りたい
→ツイート文と画像は同じにして、「リンク（URL）のみ」と
　「ウェブサイトカード」を比較する

「正解はどれ？」6つの事例で考えるクリエイティブ

では、具体的な事例を挙げて、A/Bテストの手法と効果の高いクリエイティブについて考えていきましょう。まずは、クレジットカードの広告の場合です。

> **事例1：クレジットカードの広告**
> A：画像に「総額2,000円分のギフトカードが当たる」という文字
> B：画像に「旅行券10万円分のポイント付与」という文字
> C：画像に「おトクに国内旅行を楽しもう」という文字

上記3パターンの文字を載せた画像を用意しました。この中の、どれがクリック率が高く、どれが低かったかわかりますか。

結果的には、AとBは良い結果が得られたものの、Cは反応が良くありませんでした。「おトク」のような曖昧な言葉ではユーザーに響かず、「2,000円」「10万円」などの具体的な数字が入ったものの方が効果があるということです。商品・サービスに関して、ランキング、値段、販売数、割合など、売りにつながる数字を考えておきましょう。

次は、専門学校のオープンキャンパスを告知する広告のコピーを比較した事例です。

> **事例2：専門学校のオープンキャンパスを告知する広告**
> A：「9月13日（土）体験入学を開催します！
> 栄養管理士や診療情報管理士を目指すことができる学校です」
> B：「今年最後のオープンキャンパス開催！
> 8月23日（土）オープンキャンパス　11:00〜15:00
> お申し込みは→URL　栄養・医療の約30のプログラムをご用意しています！」

この2パターンのツイート文でA/Bテストをしたところ、圧倒的にBが良い結果につながりました。日付だけではなく時間までわかり、判断に必要な情報が得られる点が高いクリック率につながったと考えられます。日時だけでなく、場所も載せてあるとなおいいでしょう。

　次は、コンピュータ系専門学校のオープンキャンパスの広告の画像です。

> **事例3：コンピュータ系専門学校のオープンキャンパスの広告**
> A：「CGアニメ」の画像
> B：「若い女性」の画像

　ツイート文はA、Bともに同じ。使っている画像は、CGアニメ風の女性の画像と若い女性の写真です。

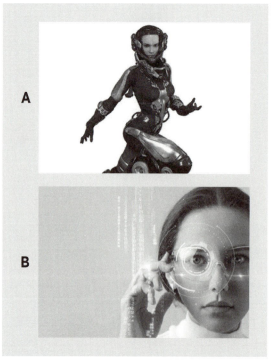

図表06-22　「CGアニメ」の画像と「若い女性」の写真

この場合は、Aのクリック率が高くなりました。若い女性の写真は広告でよく使われる素材なので、それだけではどんな広告かピンときません。ところが、CGアニメ風の画像なら、興味がある人の目に留まり、画像だけでコンピュータ系の専門学校と判断できます。つまり、**本文を読まなくても内容がイメージできる画像を使う**と、興味を持っている層の目に留まりやすくなり、クリック率が高くなるというわけです。

続いてオリゴ糖の広告です。AとBでは使っている画像が異なります。

> **事例4：オリゴ糖の広告**
> A：「商品パッケージ」画像に「オリゴ糖市場　全国売上日本一」という文字
> B：「粉末のオリゴ糖」画像に「1分に1個売れている日本一のオリゴ糖が100円で試せる」という文字

これは圧倒的にBになりました。商品パッケージの写真がなくても、「1分に1個売れている」「日本一」「100円」という具体的な情報がクリック率につながったようです。広告主なら掲載したくなる商品パッケージ写真よりも、ユーザーにとって重要な情報が何かを考えることが大切だということがよくわかる事例です。

次は、脱毛クリニックの広告です。これは、クリニックの利用者の気持ちになって考えてみてください。

> **事例5：脱毛クリニックの広告**
> A：コピー「脱毛したいけどちょっと不安…(´・ω・｣＋画像に「月々8,200円」という文字
> B：コピー「女医さんの安心脱毛」＋「女医が並ぶ」画像

答えはAです。担当してくれるのが女医かどうかも気になりますが、やはりユーザーにとっては値段が一番気になる点だったようです。安さを訴求する方が良い結果が出ました。また、ツイート文の中に顔文字があるなど、やわらかいイメージがウケた可能性も考えられます。

最後は、エステのダイエットモニターの広告です。同じツイート文、同じ画像ですが、Bはウェブサイトカードを使っています。

> **事例6：エステのダイエットモニターの広告**
> A：ツイート文＋画像＋リンク（URL）
> B：ツイート文＋画像＋「初回3,600円（税込）で体験」 と記載されたウェブサイトカードを利用

この場合、Bの方が良い結果となりました。同じツイート文、同じ画像の場合、ウェブサイトカードでリンク先を表示した方がクリックを促しやすくなります。また、具体的な金額にも触れていたため、ユーザーの「もっと知りたい」気持ちを喚起できたと考えられます。

クリエイティブのポイント

6つの事例から学んだことを最後にまとめておきます。クリエイティブの改善は試行錯誤が必要です。見直しを行う際に、これらのポイントを頭の中に入れておきましょう。

- 具体的な数字を入れる
- リンクをクリックしなくても判断に必要な情報が得られる
- 本文を読まなくてもイメージが伝わる画像を使う
- ユーザーにとって一番気になる点を訴求する
- ウェブサイトカードなど、適切なTwitterカードを利用する

季節に合わせてクリエイティブを変える

広告を考えるときに重要なものに「季節感」があります。ビールなども季節ごとに桜や紅葉、ワールドカップサッカーなどのパッケージに変わりますが、季節感を感じて、つい商品を手にとったことがあるという人もいるでしょう。

日本には、お正月やゴールデンウィーク、バレンタインデーなど、さまざまなイベントや祝日などがあります。そのタイミングに合わせて、いつもと少し違う広告を出してみるのも有効です。

たとえば、「今年のGWは10連休！もう旅行の予約は済んだ？」「母の日のプレゼントに♪」などは忘れていたニーズを喚起できます。また、「旬の甘酸っぱいイチゴのスイーツをどうぞ」「年越しは当温泉旅館でのんびり」などは、具体的なイメージがわきやすくなり、ニーズ喚起につながる可能性があります。

日本人は「季節感」「旬のモノ」が大好き。年末年始、クリスマス、バレンタインデー、母の日、ゴールデンウィーク、夏休みなどの長期休暇、オリンピック、入学・進学・卒業・就職、桜、紅葉、雪、花粉症…などなど、季節感やイベント感のあるキーワードをうまく取り入れましょう。

Twitter広告とランディングページ COLUMN

　Twitter広告を始める前に覚えておきたいネット広告の仕組みに**ランディングページ**があります。これはネット広告やリンクをクリックしたときに表示されるウェブページを指し、ユーザーが広告から着地（landing）するためこのように呼ばれます。雑誌や新聞などでは、広告は紙に印刷された情報を見るだけですが、ネット広告はクリックしてもらうことで、商品紹介ページに移動し、購入などの直接的な成果につなげることができます。

　下の画面はイベントの参加申込みを告知するプロモツイートの例です。枠で囲まれたリンクの部分をクリックすると、ランディングページへ移動します。

　ランディングページは、目的によって異なります。購買促進ならECサイトの商品紹介ページ、キャンペーンの応募者を増やすならキャンペーンサイト、会員登録の促進を図るなら会員登録画面、資料をダウンロードしてほしいなら資料請求画面を指定します。

図表06-23　広告をクリックするとランディングページに飛ぶ

↗ Twitter広告 運用ガイド

CHAPTER 07

広告運用のポイント③ タグの設定と収集データの活用

成果を計測する
コンバージョントラッキング

コンバージョントラッキングは、広告に対する反応を追跡(トラッキング)することで、広告キャンペーンの目標を達成できているか、すなわち「コンバージョンしたか」を確認することです。たとえば、自社サイトを訪れてほしいなら、ユーザーが広告をクリックしてサイトに移動すると、それがコンバージョンになります。

モバイルやPC向けに広告を配信する際、Cookie(クッキー)、Twitter ID、タグなどを使ってデータを収集し、どの広告の効果が高かったのかを調べることができます。本章では、自社サイトにウェブサイトタグを設置して、広告から自社サイトへの訪問があったかを計測するための設定を行います。

トラッキングを行うメリット

ツイートがクリックされたり、「いいね」されると、それらは計測されてTwitterの「アナリティクス」の画面で確認することができます。しかし、

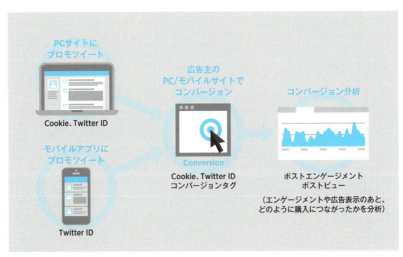

図表07-01 コンバージョントラッキング

広告に設定したウェブサイトカードがクリックされて、**Twitterの外部にある広告主の自社サイトを訪問したか**どうかは計測できません。

　広告をクリックしたユーザーがサイトを訪問したことをトラッキングするには、そのサイトにも、あらかじめ「トラッキングコード」と呼ばれる短いプログラムのコード（**タグ**）を設置しておく必要があります。タグを自社サイトに設置すると、ユーザーがTwitter広告を見たあと、サイトにアクセスしてくれたかを計測することができます。これによって、どの広告がアクションのきっかけになったのかを把握できるのです。

　また、ユーザーが使っている端末を問わず、サイトでのユーザーの行動を計測することも可能です。こうしたデータをもとにユーザーのリストを作っておくと、ターゲティングに利用したり、広告配信や予算設定の最適化にも活用できます。本章では、そうした活用方法に関してわかりやすく説明します。難しいプログラミングの知識は必要ありません。本書を片手にぜひ設定してみましょう。

COLUMN｜トラッキングに使う「タグ」とは

　トラッキングで使うタグは、JavaScriptという簡易なプログラミング言語で書かれたプログラムのコードです。このコードは、Twitter広告の管理画面で簡単に発行できるので、自社サイトのHTMLファイルに貼りつけるだけで設置できます。タグを自社サイトに設置すると、ユーザーがサイト上で行ったアクションを計測し、それをTwitterのサーバーに送信して集計します。

　Twitterで利用するタグは、従来の「単一イベントTwitterウェブサイトタグ」と、新しい「ユニバーサルウェブサイトタグ」の2種類あり、以下の表のようにそれぞれ計測内容が異なります。

　「ユニバーサルウェブサイトタグ」は、ウェブサイトのどこにでも設置できます。これによってインプレッションだけでなく、さまざまなユーザーのアクションを、PC、スマートフォン、タブレットといったデバイスを横断するかたちで計測できます。本章では、ユニバーサルウェブサイトタグの設定について紹介します。

	(新) ユニバーサル ウェブサイトタグ	(旧) 単一イベント ウェブサイトタグ
コンバージョンイベント	25 (100以上までアップデート予定)	25
オーディエンスグループ	200	25
トランザクション バリューの設定	Yes	Yes
注文数のトラッキング	Yes	Yes
ダイナミックバリュー	Yes (アップデート予定)	No
コンバージョン／ オーディエンス構築方法	1つのタグで複数のページを 計測できる	ページごとに異なるタグを設置

図表07-02　Twitter広告の2つのタグ

「ユニバーサルウェブサイトタグ」を使うメリット

　ウェブサイトタグは、広告をクリックして自社サイトへの訪問（トラフィック）が発生したことを計測するときに使います。広告管理画面でウェブサイトタグを発行し、自社サイトに設置するまでを解説しましょう。ここでは、左ページで紹介したように、新たに使えるようになった「ユニバーサルウェブサイトタグ」を使います。

　ユニバーサルウェブサイトタグを活用するメリットは、以下の3つです。

▶コンバージョンをトラッキングできるようになる

　キーワードやフォロワー単位でも、コンバージョン1件あたりのコスト（CPA）がわかるので最適化しやすくなります。

▶リマーケティングに活用することができる（テイラードオーディエンス）

　一度、自社サイトを訪れた人に、再訪問を促すリマーケティング広告は、非常に効果が見込みやすいターゲティング手法と言えます。このタグを設置することで、サイトでのユーザー行動をもとに、オーディエンスのリストを作成することができます。

▶「ウェブサイトコンバージョン用に最適化」して配信できる

　CPAを抑えるように最適化して広告を配信することができるので、コストを重視する場合におすすめです。

　ここでは、以下の手順で設定を行います。

1. 広告管理画面でタグを発行する
2. タグを自社サイトに設置する
3. コンバージョンの計測を開始する
4. 計測したデータを確認する

コンバージョンイベントの設定

　では、ユニバーサルウェブサイトタグを発行して、自社サイトに設置し、トラッキングの設定を行いましょう。この設定は、HTMLファイルの変更が必要です。社内のサイト管理者に協力してもらいましょう。

タグの発行

　まず、広告管理画面の「ツール」メニューから「コンバージョン」を選択します。ここで、「コードの表示とインストール手順」をクリックすると、ユニバーサルウェブサイトタグのコードが表示されます。

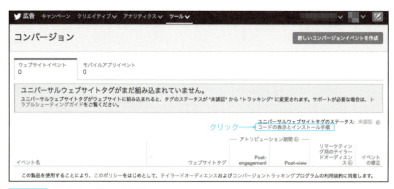

図表07-03 「コンバージョン」画面

　ウェブサイトタグのコード（コードスニペット）は、本書執筆時点ではTwitter広告アカウントごとに25個まで発行できます。タグはテキストファイルとしてダウンロードするか、コピーして、別途開いておいたエディターの画面にペーストして保存します。

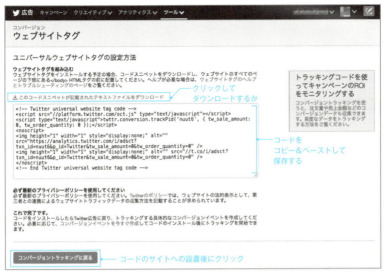

図表07-04 ウェブサイトタグのコードが発行される

タグをサイトに設置する

　タグのコードは、計測対象のウェブサイトのすべてのページのHTMLファイルの下部にある</body>タグの前に配置します。タグはサイト全体に設置することが推奨されますが、一部への設置でも動作します。

コンバージョンイベントの設定

　コードを設定したら広告管理画面に戻って、上図の画面で「コンバージョントラッキングに戻る」をクリックして次に進みましょう。

　表示された画面で、ユニバーサルウェブサイトタグのステータスが「トラッキング」になっているかを確認します。次の画面では「未認証」になっていますが、サイトにタグを設置して、データ取得ができるようになったことが確認できると、表示が「トラッキング」に変わります。

　ステータスの反映には時間がかかる場合があるので、設定を始める際には注意してください。

▶コンバージョンイベントを作成する

では、「新しいコンバージョンイベントを作成」ボタンをクリックして、設定を進めましょう。

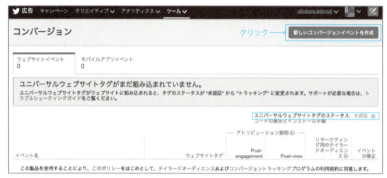

図表07-05 「新しいコンバージョンイベントを作成」をクリック

どのようなイベントをコンバージョンに設定するかがわかるように名前を付け、コンバージョンの種類を「サイト訪問」「購入」「ダウンロード」「新規登録」などから選びます。これによって管理画面で、コンバージョンの種類ごとに数値を確認できます。

図表07-06 コンバージョンイベントの詳細を指定する

次に、トラッキングに使用するタグを選びます。ここでは、「ユニバーサルウェブサイトタグを使用」を指定します。

「単一イベントウェブサイトタグ」は、「ユニバーサルウェブサイトタグ」を利用できない場合のみ指定してください。たとえば、<iframe>内にタグを配置する場合や、ユーザーを新しいページに移動させない表示の切り替え、ページを読み込まないイベントの場合に使用します。

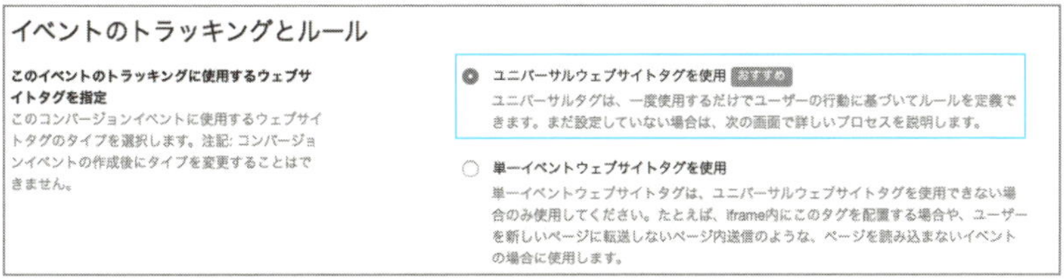
イベントのトラッキングとルール
このイベントのトラッキングに使用するウェブサイトタグを指定
このコンバージョンイベントに使用するウェブサイトタグのタイプを選択します。注記: コンバージョンイベントの作成後にタイプを変更することはできません。
ユニバーサルウェブサイトタグを使用
おすすめ
ユニバーサルタグは、一度使用するだけでユーザーの行動に基づいてルールを定義できます。まだ設定していない場合は、次の画面で詳しいプロセスを説明します。
単一イベントウェブサイトタグを使用
単一イベントウェブサイトタグは、ユニバーサルウェブサイトタグを使用できない場合のみ使用してください。たとえば、iframe内にこのタグを配置する場合や、ユーザーを新しいページに転送しないページ内送信のような、ページを読み込まないイベントの場合に使用します。

図表07-07 トラッキングに使用するタグを指定

トラッキングする範囲を指定します。「すべてのウェブサイト訪問数」「URL全体」「URLの一部」から選択し、必要に応じて計測対象のURLを入力します。

次のいずれかの条件を満たすトラフィックを含める:
URL全体
http://www.xxxxxxxxxxxxxxxxxxxxx
すべてのウェブサイト訪問数
URL全体
URLの一部

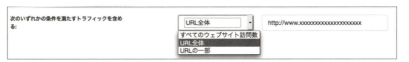

図表07-08 トラッキングの範囲を指定

設定項目	トラッキングの範囲
すべてのウェブサイト訪問数	タグを設置しているページすべてのトラフィック（訪問）を収集する
URL全体	指定したURLページのトラフィックのみ収集する
URLの一部	指定したURLの下の階層ページも含めてトラフィックを収集する 例)「www.barisatabar.com/coffee/」というURLを設定した場合、下の4つのページのトラフィックすべてが含まれる www.barisatabar.com/coffee/ www.baristabar.com/coffee/darkroast.html www.baristabar.com/coffee/mediumroast.html www.baristabar.com/coffee/lightroast.html

図表07-09 トラッキングの範囲

続いて、ユーザーが広告を見たあとや広告に反応したあとに発生するコンバージョンをトラッキングする期間（カスタムアトリビューション期間）を選択します。

アトリビューションとは、コンバージョンにどのような施策が貢献したのかを評価するための考え方を指します。広告を見ただけでクリックしなかったユーザーが、その後サイトを訪れてコンバージョンしたとき、そのビュー（広告表示）もコンバージョンに貢献したとみなされます。

アトリビューション計測期間は以下の2つあります。

図表07-10 カスタムアトリビューション期間の指定

期間	計測内容
ポストエンゲージメントアトリビューション期間	ユーザーが広告にエンゲージメント（クリックやリツイートなど）したあと、何日以内に発生したコンバージョンをレポートに含めるかを設定する。「14日」か「30日」を推奨
ポストビューアトリビューション期間	広告がユーザーに表示されたあと、何日以内に発生したコンバージョンをレポートに含めるかを設定する。「1日」を推奨

図表07-11 カスタムアトリビューション期間

　最後に利用規約を確認し、同意する場合はチェックボックスにチェックマークを入れます。「コンバージョンイベントを保存」ボタンをクリックしてイベントを保存したら設定完了です。

図表07-12 イベントを保存する

　タグの設置とイベント設定が正しくできていれば、広告管理画面の左上にある「広告」の文字をクリックすると表示される「すべてのキャンペーン」画面で、グラフの下にある「コンバージョン」をクリックするとコンバージョン数やCPAを確認できます。

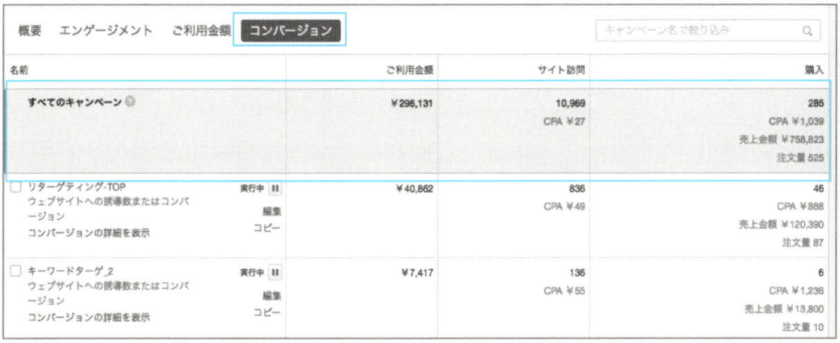

図表07-13 コンバージョンを確認する

　上の図の例では、一番上にある「すべてのキャンペーン」を見ると、コンバージョンイベントである「サイト訪問」は10,969件、かかった広告費は296,131円です。広告費をコンバージョン件数で割ると、コンバージョン1件あたりの費用（CPA）は約27円であることがわかります。

リマーケティングに使える
テイラードオーディエンスを作成する

　リマーケティング広告を配信するには、まず「一度自社サイトを訪れたユーザー」の情報を蓄積し、テイラードオーディエンスを作成します。

テイラードオーディエンスの設定

　広告管理画面の「ツール」メニューから「オーディエンスマネージャー」を選びます。「新しいオーディエンスを作成」ボタンをクリックして表示されるメニューから「Create a website tailored audience」を選択します。

図表07-14　オーディエンスマネージャー

　表示された画面で、設定するオーディエンスにわかりやすい名前を付けます。ここではウェブサイトのトップページを訪れた人を計測するため「サイト訪問者」としました。

　その下の「オーディエンスのルール」では、このオーディエンスのトラッキングに使用するタグを選びます。ここでも「ユニバーサルウェブサイトタグ」を指定します。続く項目もコンバージョンイベントの設定を参考に設定して、「テイラードオーディエンスを保存」をクリックします。

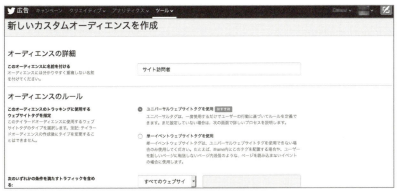

図表07-15 テイラード（カスタム）オーディエンスの設定画面

　保存されたテイラードオーディエンスは、オーディエンスマネージャーの画面に表示され、データの収集状況を確認することができます。

図表07-16 保存されたテイラードオーディエンスが表示される

広告キャンペーンのターゲティングの設定

　続いて、広告キャンペーンの設定を行います。広告管理画面の「キャンペーン」画面でターゲティングの種類を選択するとき、「テイラードオーディエンス（保有する顧客リストまたはタグデータを活用してターゲティング）」をクリックして「テイラードオーディエンスを参照」ボタンをクリックします（このボタンは、テイラードオーディエンスを作成している場合に表示されます）。

図表07-17　キャンペーン設定画面でターゲティングに「テイラードオーディエンス」を指定する

　その際、「似ているユーザーをターゲティングしてオーディエンスを拡大します。」にチェックマークを入れると、作成したオーディエンスデータをもとに、類似ユーザーにリーチを拡大することができます。オーディエンスのサイズが小さいとターゲティングに利用できないので、この設定を活用するようにしましょう。

　表示された画面で、あらかじめ「topクリック」という名前で作成したテイラードオーディエンスにチェックマークを入れて選択します。この場合、計測された、サイトのトップページを訪問したユーザーは2,660人で、このテイラードオーディエンスに対して広告を配信することができます。最後に、「完了」ボタンを押して設定を終了します。

図表07-18 ターゲティングの対象にテイラードオーディエンスを指定する

応用編：
テイラードオーディエンスを使った「除外」設定

　ここまでは広告配信する対象を設定するためにテイラードオーディエンスを活用しましたが、逆に広告配信の対象から除外するために利用することもできます。

　広告管理画面のキャンペーン設定画面には、以下のように除外設定のための項目があります（この項目は、テイラードオーディエンスを作成している場合に表示されます）。ここで前述のようにテイラードオーディエンスを選択すると、広告配信対象から特定のオーディエンスを除外することができます。

　たとえば、「サイト訪問者」と「新規登録済み会員」のテイラードオーディエンスを組み合わせて、「サイトを訪れたが、新規登録をしていない人」をターゲティングすることも可能です。

図表07-19 ターゲティングから除外するオーディエンスを指定する

応用編：CPAを抑えたいときの設定

　応用編としてもう1つの活用法を紹介しましょう。コンバージョン1件あたりのコスト（CPA）を低く抑えたいという場合におすすめの設定です。
　キャンペーン設定画面の「キーコンバージョンイベントを選択（オプション）」メニューから、あらかじめ設定しておいたコンバージョンイベント「topクリック」を選択します。

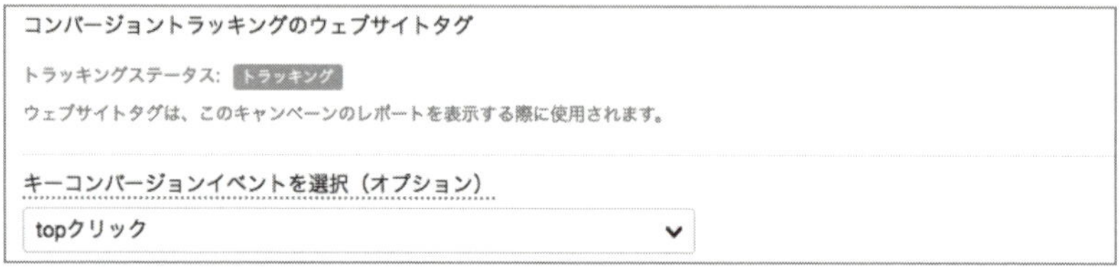

図表07-20　キーコンバージョンイベントを選択する

　続いて予算の設定画面で、必要に応じて金額を指定したあと、「キャンペーンの最適化を選択」で「ウェブサイトコンバージョン用に最適化」を指定します。これによって、このキャンペーンで重視するコンバージョンイベントとタグが設定され、コンバージョン1件あたりのコスト（CPA）を抑えるように最適化されます。

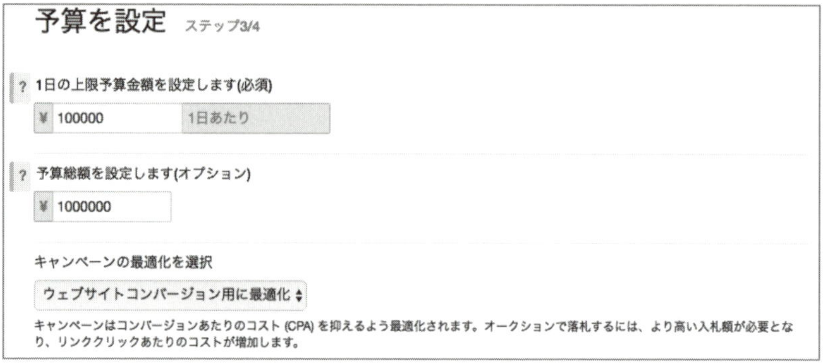

図表07-21　キャンペーンの最適化を選択する

モバイルアプリのコンバージョントラッキング

　モバイルアプリのインストールなどのコンバージョンを計測する場合は、「ツール」メニューから「コンバージョン」をクリックした後、「モバイルアプリイベント」タブを選ぶと、設定画面になります。

　モバイルアプリのコンバージョントラッキングを行うには、この画面に表示されている各種ツールを利用します。それぞれのツールの説明を見て、利用したいツールのアカウントを作成してください。なお、Twitterが提供している「answers」は無料で利用することができます。

図表07-22 「モバイルアプリイベント」タブ画面

[↗] **Twitter広告** 運用ガイド

CHAPTER 08

広告運用のポイント④
広告配信の最適化

広告効果を高めるための「最適化」

　Twitter広告を掲載したけれど、なかなか思ったような効果が出ないというとき、すぐに広告配信を止めてしまう方がいます。商材・サービスとTwitterの特性が合わないケースもありますが、広告キャンペーンのちょっとした箇所に不適切なポイントがあり、そこさえ変えればうまくいくケースも多いものです。配信を止めるのは、問題となっているポイントを確認してからでも遅くはないはずです。

「全体設計」と「個別設計」の調整ポイント

　そのために必要な作業が「最適化」です。ネット広告は配信したら終わりではなく、クリック数などの反応を見ながら設定内容を調整する作業が必要です。見直しをするときは、むやみに設定を変えるのではなく、キャンペーン全体の設計と、個別のクリエイティブや入札額の調整という2つの方向で検討するとよいでしょう。

　全体設計では、ターゲットとするユーザー像や、自社製品の位置づけを明確にすることで、適切な予算配分、メッセージやクリエイティブの作成が可能になります。Twitterではユーザーのリツイートによる情報拡散が見込めるので、広告においてもTwitterユーザーの反応を引き出すキャンペーン設計を心がけましょう。

全体設計	個別設計
1 ユーザーを適切にセグメント化し、商材のポジショニングを考えると効果が出やすい 2 ユーザーを巻き込んで、情報拡散を図る	3 クリエイティブひとつで効果は3〜5倍も変わる 4 最初から「ターゲットを狭く、入札は低く」では、失敗することも

図表08-01　成功のためのヒント：全体設計と個別設計

個別設計は、より具体的なクリエイティブについての調整やターゲティングの設定を行います。コピーに含まれる言葉ひとつとっても、どの言葉を先頭に持ってくるのか、商品写真を使うのか、商品を使っている人の写真を使うのかなどを検討して差し替えます。写真を変えただけでクリック率が大きく変わる可能性もあるので、ここは工夫のしどころです。

　Twitter広告は低予算で始めることも、ピンポイントでターゲティングすることもできますが、最初から絞り込んでしまうと効果が出にくい場合があります。最初はある程度の余裕を持った設計で運用し、数字を見ながら絞り込んでいく、という流れをイメージして考えていきましょう。

困ったときはここを見直そう

　具体的なアプローチですが、見直すべき点は以下の3つです。

- クリエイティブ
- ターゲティング
- 予算

　本章ではこれらを最適化するポイントを紹介します。上手に広告を運用するには、「仮説」と「検証」が大切です。そのことを頭に入れて、読み進めてください。

PDCAを回して改善する　COLUMN

　PDCAとは、Plan（計画）→ Do（実行）→ Check（評価）→ Action（改善）の4つを繰り返すことによって業務を改善する方法です。最初に立てたプラン（Plan）に沿って広告を出稿しても（Do）、計画どおりに事が進むとは限りません。そんなとき、データを見ながら問題点を探り（Check）、対策を打つ（Action）ことで、目標達成に近づくことができます。

最適化が必要な6つのパターン

　Twitter広告を最適化するためには、具体的にどのように見直しをすればいいのでしょうか。まず注目すべきなのは、目標としているクリック率や顧客獲得単価などです。これらの指標が目標を下回っている（あるいはオーバーしている）場合、数値をどうやったら改善できるか、状況に応じて6つのパターンを考えてみましょう。

広告表示回数は多いがクリック率とコンバージョン率が低い場合

①ターゲティングしたキーワードやアカウントごとに効果のばらつきがある

【対策】効果の出たターゲティングだけを残し、そのジャンルに沿ったキーワードやアカウントをさらに多く設定しましょう。

②どのようなキーワードやターゲティングでも効果が出ない

【対策】ユーザーの気持ちに立ち戻って、クリエイティブの訴求表現を考え直しましょう。

クリック率とコンバージョン率は高いが、広告表示回数が少ない場合

③入札額や1日のキャンペーン予算を低めに抑えすぎている

【対策】当初は入札額を100円前後に設定してください。実際のクリック単価は入札額を下回り、現在の平均は60～70円程度です。掲載を始めたばかりの時期は、ターゲティングをしたユーザー層の中で、さらに適性度が高いオーディエンスをシステムが分析しているところです。この時期に広告表示回数を獲得しておくと、その後も広告が表示されやすくなります。その後、徐々に入札額を抑えていくのがおすすめです。

　1日のキャンペーン予算を低く抑えすぎても、予算をすぐに消化してしまい広告が表示されなくなります。広告効果を得られるキャ

ンペーン予算の日額は、3,000円以上が目安となります。

④ターゲットをあまり多く指定していない

【対策】ターゲティングの数や種類を増やしましょう。ターゲティングするアカウントの数は20個くらいまでが目安です。ターゲットの母数があまり少なすぎると、当然表示回数も減ってしまいます。ユーザー像をあらためて見直し、ターゲットとするフォロワーがいるアカウントの数や種類を増やしましょう。

ターゲティングは、自分勝手に判断しないこと。類似のアカウントやキーワードを自動的に提案してくれるサジェスト機能を使って検索しながらアカウントを見つけましょう。

クリック率・コンバージョン率・広告表示回数は良いが、クリック単価が高すぎる場合

⑤入札方式を「自動入札額」に設定している

【対策】入札方式を「上限入札単価」または「目標コスト」に切り替えて、1クリックあたりに支払っても良い上限価格を設定します。入札額が低すぎるというアラートが出ることがありますが、推奨されている額をやや下回った金額を指定しても、十分な広告表示回数を確保できることが多いです。

⑥競合の広告主が多いターゲティングを行っている

【対策】誰でも思いつく有名なTwitterアカウントは何万人ものフォロワーがいる代わりに、他の多くの広告主が入札に加わっている可能性が高いため、クリック単価が高騰することがあります。リスティング広告で検索される回数の多いビッグキーワードのクリック単価が高騰するのと原理は同じです。

フォロワーがもう少し少ないアカウントもターゲティングに指定することで、改善を図りましょう。

最も大切なのはクリエイティブ

　このうち一番多く見られるのは、パターン②です。どのようなキーワードやアカウントをターゲティングしても効果が出ていないケースでは、クリエイティブに改善の余地があることがほとんどなので、6章を参考に作り直してみてください。

　実はその他のパターンでも、入札額の調整が必要なもの以外は、クリエイティブの問題と言ってもよいものが多いのです。ターゲティングとクリエイティブは切っても切り離せない、セットで考えるべきものだからです。Twitter広告の基本は、自社の商品やサービスが使われたり評価されるシーンを想像し、そこに合うユーザー層やアカウントのジャンルを選んでいき、それぞれの層に響くようにクリエイティブを作ることが何よりも大切というわけです。

　これらを踏まえて、「クリエイティブ」「ターゲティング」「予算」の最適化について見ていくことにしましょう。

クリエイティブの最適化

　成果が上がらないケースでは、多くの場合、クリエイティブを見直すことで改善することができます。

　メッセージが伝わるクリエイティブになっているかを知るための一番簡単な方法は、自分以外の人の反応を見ることです。A/Bテストを実施する前に、まずは身近にいる家族や友人などに見せてみましょう。作り手の思いが入り込みすぎると、ひとりよがりなものになりがちです。客観的な意見をもらったら、素直に取り入れて作り直すことが大切です。

　また、商品に強い個性があるなら、動画などを使って訴求していくこともおすすめです。

▶クリエイティブ改善の流れ

　改善にあたっては、以下のような流れでチェックしていきます。右脳的にハッとさせる訴求ポイント、左脳的に納得してもらうための理由、Call-to-action（何をしてもらいたいか）がわかりやすいかどうかです。すべてをクリアするクリエイティブに作り替えていきましょう。

右脳的「ハッと」させる訴求ポイント	左脳的に納得・安心して購入・登録・申し込みへつなげる	アクションの喚起はわかりやすく1か所で
●いきなり説明的な文言から始めない ●インパクトのない文言は避ける ●商材が何か明確に示す	●いま買う理由を明確にする ●実績や店舗の場所を示して安心感を与える ●商品の一番の訴求ポイントを簡潔に伝える	●むやみにハッシュタグを入れない ●アクションを促す言葉「クリックして登録」「申し込みはこちら」などを必ず入れる

図表08-02　クリエイティブのチェックポイント

クリックしたくなる広告を作るための工夫

▶対象を限定して「自分ごと」化する

　ターゲットはできるだけはっきりさせることで、訴求力が高まります。たとえば、「40歳以上男性限定の情報」など年齢を区切ると、該当する人はつい見てしまうはずです。

　また、あえて業界用語を使うと、同じ業界の人たちが自分ごととして反応します。たとえば医療業界には「疑義照会」という言葉があります。一般の人には聞きなれない言葉ですが、これは医師が出した処方箋に疑問や不明点がある場合に、薬剤師から医師に問い合わせをすることです。これがストレスになっている薬剤師も多いので、「疑義照会をしやすいところに転職しませんか？」という言葉があると、自分ごとに感じられるうえ、ニーズを刺激されて高い反応が得られます。

　このように、ターゲットに刺さる言葉や表現を見つけて、打ち出すと反応する人を増やすことができます。

▶訴求ポイントは1つに絞る

　たいていの場合、広告でアピールしたいポイントは複数あるでしょう。しかし、何もかも前面に押し出すと失敗しやすいので注意が必要です。

　たとえば、「宝塚ファン必見！」というように限定すると、ファンの人はかなりの確率で見てくれるはずです。しかし、「商品であるドレスの素材の良さも訴求したい」と欲張らないこと。この場合は「宝塚ファン」「素材訴求」に分けて広告を作った方がよいでしょう。

▶ユーザーの声や気になっていることを訴求する

　ユーザーが気になることを言語化することで、ドキッとさせる効果もあります。転職サイトなら、「もし転職活動したら何社に内定がもらえるんだろう。年収はいくらになるんだろう。無料で診断します！」というコピーを入れます。転職サイトと説明していなくても、転職活動をしている人なら間違いなく気になる内容であるはずです。

法人向けビジネス（BtoB）も同様です。「社員の意欲を高める人事施策とは？」とあったら人事担当者は気になるはず。該当する人のニーズをいかに言語化するかがポイントです。

▶求めるアクションは軽めに

　広告には、ユーザーにしてもらいたいアクション、たとえば自社サイトの訪問やアプリのインストールなどを設定します。このとき、アクションは軽いものを設定するのがおすすめです。音楽配信サービスなら、いきなり有料の会員サービスの申し込みを促すよりも、まずは無料の会員登録で音楽を聴いてもらうといったやり方です。

　美容系の商材なら「0円でサンプルプレゼント」もいいでしょう。BtoBなら、「無料でこのソフトを試せる」「資料請求はこちら」などがおすすめです。こうした内容なら、上司の判断をあおがずに担当者の裁量で行動できます。

　このように、広告を見た人がすぐにアクションできるものを設定するようにしましょう。

図表08-03　アクションはハードルの低いものにする

▶テレビCMとのあわせ技

　Twitterユーザーはテレビを見ながら、それについてツイートして楽しんでいます。テレビCMを放映するなら、あわせてTwitter広告も掲載してみましょう。CMを動画広告にしてツイートすることはもちろん、スペシャル動画を用意して見てもらうこともできます。

　また、Twitterで「何日の何時からCM開始」などと予告したり、内容を予想させれば、放送前から盛り上げて効果を最大化できます。テレビでは視聴者はアクションできませんが、Twitterなら購入やインストールといった直接的なアクションにつなげられます。

　映画の宣伝では、見た人の感想をCMで紹介することがあります。この手法をまねて、ハッシュタグを用意して投稿を促し、ユーザーの声を拾ってキャンペーンに使う方法もあります。

ターゲティングの最適化

　試行錯誤しながらターゲティングを設定してみたものの、思ったような効果が得られなかった。そんなとき、意外なところに答えが潜んでいることがあります。フォロワーターゲティングの事例をもとに考えていきましょう。

事例1：グルメ需要の高いアカウントはどれ？

　ある飲食店の予約・検索ができるグルメ系アプリの広告事例です。このアプリを提供している会社は、以下の5つのアカウントのフォロワーにターゲティングしました。なぜそのアカウントがいいのかという「仮説」と、実際に配信したデータをもとにした「検証結果」をセットで紹介します。最終的に、どれが最も効果が高かったのか、考えながら読んでみてください。

①グルメアカウントのフォロワー

【仮説】グルメアカウントのフォロワーなら、飲食店に興味があるはず。
【検証】実際に効果は高かった。しかしグルメアカウントのフォロワーに広告を配信しきってしまった。次はどうするか。

②某お洒落系コーヒーチェーン店アカウントのフォロワー

【仮説】グルメ好きとコーヒー好きは親和性が高いのでは。
【検証】効果は低い。単なるコーヒー好きとグルメ好きは重なりが少ない。高校生などグルメ店には行かない層も混ざっていて、ノイズとなっているようだ。

③恋愛名言などの恋愛系アカウントのフォロワー

【仮説】デート・合コン需要で、グルメサイトをよく見る可能性が高い。
【検証】②よりは高くなったが、まだ効果は低い。彼氏彼女がいない・恋人がほしい層が含まれていてノイズとなっているようだ。

④グルメ系ドラマアカウントのフォロワー

【仮説】グルメ好きは、食がテーマのドラマを好むのではないか。
【検証】やはり効果は高かった。グルメ系ドラマのフォロワーに広告配信が一巡したら、次はどこに配信するか。

⑤某有名百貨店の催事アカウントのフォロワー

【仮説】グルメ好きは有名デパートの地方物産展などを好むのではないか。
【検証】非常に効果は高かった。地方名産品やデパート系アカウントのフォロワーはグルメに敏感だった。

▶意外なアカウントのターゲティングが効果的

　検証した結果、効果が高かったアカウントは、⑤＞④＞①＞③＞②の順でした。有名百貨店の催事のアカウントの効果が高かったことから、さらに他の百貨店の催事アカウントを探してみたり、地方の名産品に関するアカウントを探してターゲティングしてみてもよいでしょう。お洒落なイメージがあるコーヒーチェーン店のアカウントは効果が低かったのが意外な結果でした。コーヒーとグルメの結びつきはそれほど強くなかったようです。

あるグルメ系アプリの場合

アカウント	フォロー率	仮説	検証
グルメアカウント		グルメ系アカウントなので、当然フォロー率は高いはず	実際に高い。ただしすでにグルメ系は網羅。次をどうするか。
某お洒落系コーヒーチェーン店		グルメ好きとコーヒー好きは親和性が高いのでは？	低い。単なるコーヒー好きとグルメ好きの重なりは少ない。
恋愛系アカウント		デート需要、合コン需要でグルメサイトをよく見るのでは？	まだ低い。彼氏・彼女がいない層も多く含まれているため効率が悪い。
グルメ系ドラマ		グルメ好きは食がテーマのドラマが好きなのでは？	やはり高い。ただしグルメドラマはすでに網羅。次にどうするか。
某有名百貨店の催事		グルメ好きは物産展などの催事も好きでは？	非常に高い。地方名産品のアカウントやデパート系アカウントは非常にグルメに敏感。

図表08-04 「仮説」と「検証」でターゲットを絞っていく

デートや合コンをする人のニーズも探ってみましたが、効果は低くなりました。その理由としてターゲットにノイズ（本来の対象ではない人）が含まれていることが考えられます。

このように仮説がはずれた理由も分析することで、同じ恋愛系の別アカウントを検討するか、まったく違うアカウントを考えたほうがいいのかが決まってきます。

皆さんの推理は当たっていたでしょうか。フォロワーターゲティングは、このようにターゲットユーザーの興味関心を想像することで可能になります。

事例2：米国市場に日本製シャンプーを売り込むには？

もう1つ、日本製のシャンプーを海外に展開する事例を紹介します。このシャンプーのメーカーは日本製品ならではの質の高さで米国市場にアピールしようとしていました。そのため、社内でシャンプーを使ってくれる人のイメージを出し合ったあと、競合製品のアカウントのフォロワーが、他にどのようなアカウントをフォローしているのかを調べてみたのです。

このとき、K-POPアイドルのアカウントが多く目につきました。そこで、「高品質シャンプーと美しい黒髪のアジア系アイドルの親和性は高いのではないか」という仮説を思いつきました。これがずばり当たって、韓国人アイドルが好きな人たちをターゲティングしたところ、高い反応が見られたのです。おそらくK-POPアイドルのサラサラの黒髪に憧れていたと考えられます。

このような発想は、広告担当者の好みやカンだけでは出てきません。ちょっと意外な選択肢も入れてターゲティングすることで、新たな可能性を見い出すことができるのです。

セグメントは「広く→絞り込む」がセオリー

セグメントを考えるときのポイントは、最初はセグメントの幅を広げておいて、それを狭めていくこと。少なくとも3～5くらいのセグメントを見つけておきましょう。

最初は、「学生」「ビジネスパーソン」「ファミリー」「高齢者層」くらいの大きなセグメントからでもかまいません。もし「ビジネスパーソン」に効果があったら、それをさらに分けてみます。たとえば、「日経新聞を読んでいる人」「SOHO系の人」……などなどです。これを繰り返していくことで、ピンポイントなセグメントが見つかる可能性があります。

ただし、いかに的確なセグメントであっても、配信数があまり少ないようでは意味がありません。Twitterの広告管理画面では、ターゲティング設定の際にそこに含まれるオーディエンスサイズを表示してくれます。大きなセグメントから小さなセグメントへと、バランスを見ながら絞り込んでいくのがターゲティングのポイントです。

アクティブなユーザーにターゲティングするには

フォロワーターゲティングで効果が出ない場合、そのセグメントにアクティブなユーザーが少なかったのかもしれません。Twitterアカウントを

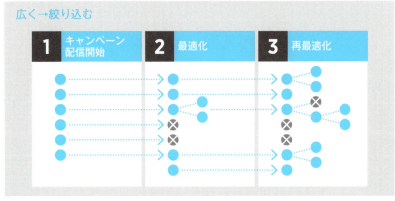

図表08-05 セグメントは「広く→絞り込む」がセオリー

開設したものの休眠状態のユーザーや複数開設して使い分けている人もいるからです。

　その場合の対策としては、キーワードターゲティングに切り替える方法もあります。キーワードを入力して検索しているユーザー、すなわちアクティブに使っているユーザーに限定できるからです。また、ツイートに含まれる言葉（ニーズ）を切り口にターゲティングすることも可能です。

　訴求する商品自体を変えてみるという選択肢もあります。Twitterユーザーにヒットする商品は何か、反応を見ながら検証していきましょう。このように、柔軟に視点や手段を変えていくことも広告運用を成功させるポイントです。

予算の考え方

　はじめて広告を運用する場合でも、広告予算の規模感をつかめるよう、予算の考え方について説明します。

　たとえば、「ウェブサイトへの誘導数またはコンバージョン」を目的としたキャンペーンの場合、日額予算は10,000円、月額予算は300,000円くらいになるでしょう。

　入札額は100円程度。リーチを大きくしたい場合は、150～200円くらいに設定するといいでしょう。

　CTR（クリック率）は、平均0.2～0.5％程度なので、0.2％を切るようであれば、ターゲットやクリエイティブなどの見直しが必要です。CPLC（リンククリック単価）は平均60～70円程度で、入札額より実際は多少低くなりますが、競争が激しくなると入札額に近づきます。

　予算はコンバージョン率によって異なります。たとえば、コンバージョン率が1％、平均クリック単価が50円と仮定します。コンバージョン率1％とは、広告が100回クリックされたら1回のコンバージョンが得られるという意味です。つまり、コンバージョンを1回得るためには、100回のクリックが必要ということになります。

　そこで、平均クリック単価50円×クリック100回＝5,000円が、コンバージョンを1回得るための1日の予算額となります。コンバージョン率が高まったり、クリック単価が安くなると総額も安くなるので、ターゲティングやクリエイティブを工夫していきましょう。

項目	想定予算	注意するポイント
日額予算	10,000円	
月額予算	300,000円	
入札額	100円	大きくリーチさせたい場合は150〜200円程度が推奨
CTR（クリック率）	0.4%	0.2〜0.5%程度が平均。0.2%を切るようであれば修正が必要
CPLC（リンククリック単価）	70円	60〜70円程度が平均。入札額よりも低くなるが、競争が激しくなると入札額に近づく
月間クリック数	4,286件	
月間インプレッション数	1,071,429件	
CVR（コンバージョン率）	5%	ランディングページ、商材によって大きく変わるので仮の数値。アプリのインストールが目的の場合、10〜30%程度
コンバージョン数	214件	
CPA（エンゲージメント獲得単価）	1,400円	

図表08-06 予算のシミュレーション：「ウェブサイトへの誘導数またはコンバージョン」を目的とした場合の一例（業種や目的によって変動します）

広告予算の最適化

　広告予算の設定も、成果に大きな影響を与えます。予算の設定方式には「自動入札額」「目標コスト」「上限入札単価」の3つがあります。まず、それぞれの特徴を押さえて、適切な設定を選びましょう。

　これらは、予算設定画面で「詳細オプションを表示」をクリックすると、選べるようになります（目的によって「目標コスト」が選べないものもあります）。

▶自動入札額

　指定した予算内でインプレッションが最大化するように、入札額が最適化されます。この場合、クリック単価が高くなることがあります。

▶上限入札単価

　エンゲージメント1件あたりに、いくらまで支払ってもよいかを示す金額です。上限入札単価を超える金額が請求されることはなく、これより少なくなる場合もあります。逆に、どうしても獲得したい良質な見込み顧客がいたとしても、設定額を超えたら広告は表示されません。

　ここが入札設定の難しいところなのですが、上限額を低くしすぎるとインプレッションが出ず、広告がまったく配信されない可能性が出てきます。入札額はやや高めに設定して、反応が良いところを見極めてから、徐々に下げていくのがおすすめです。

▶目標コスト

　目標とするCPLC（リンククリック単価）、CPL（リード単価）、CPF（フォロー単価）を設定すると、この平均額が達成されるように入札額が最適化されます。1日に発生したすべてのリンククリック、リード、フォローにおける実際の平均コストを支払う仕組みです。

　たとえば、100円の入札をしないと掲載できない広告面がある場合、上限入札単価で80円をつけていた場合はその面には掲載されません。しか

し目標コストで80円をつけていた場合には、リンククリック単価の平均値が80円（の20%以内）になるように運用するため、掲載される可能性があります。クリック単価20円の面にも掲載できたとしたら、平均値という意味では予算に余裕ができているわけなので、100円の面にも露出して、その平均が80円になるように運用するといった仕組みです。

　一番おすすめなのは、この「目標コスト」です。これまでは、いくら良質な広告面でも入札単価が高い場合は配信できませんでした。しかし、この仕組みは最終的に希望の単価に近づくように、一部入札単価の高い広告面にも掲載されるように最適化してくれるので、予算内で最大限の効果を上げることができるはずです。

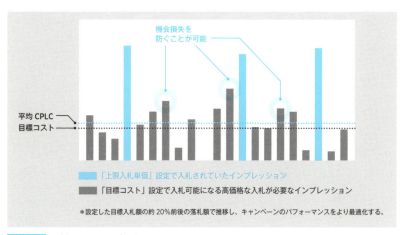

図表08-07　目標コストのロジック

↗ **Twitter広告** 運用ガイド

APPENDIX 付録

「アナリティクス」を活用する

付録

アナリティクスを使ってデータを分析

ウェブサイトを運営している企業の多くは、ページビュー数や訪問者数の推移を確認したり、人気のコンテンツが何かを知るために、アクセス解析ツールを導入しています。Twitterでは「アナリティクス」という機能を使って、ユーザーのさまざまな反応をチェックすることができます。https://analytics.twitter.comから誰でも無料で使うことができます。

このツールで通常のツイートはもちろん、Twitter広告やフォロワーなどの分析をしていきます。ユーザーの反応が悪い場合は対策を考える必要がありますが、そのヒントもここで見つかるはずです。

また、人気のツイートをそのまま広告に切り替えたり、ターゲティングの参考にすることもできます。このように、アナリティクスはTwitter広告を運用するうえでも、通常のツイートでもぜひ活用したいツールと言えます。

Twitterのアナリティクス機能

では、Twitterのアナリティクス機能を使ってみましょう。広告管理画面の上部にある「アナリティクス」メニューから「ホーム」を選ぶと、Twitter広告アナリティクスのホーム画面が表示されます。

図表01 「アナリティクス」メニューから「ホーム」を選ぶ
https://analytics.twitter.comでも利用可能（無料）

図表02 アナリティクスのホーム画面

　アナリティクスのホーム画面の上部に表示されているのは、過去28日間におけるアカウントのパフォーマンスの推移です。左から「ツイート」はその期間のツイートの数、「ツイートインプレッション」はツイートが見られた数、「プロフィールへのアクセス」はTwitterアカウントのプロフィールに対するアクセス数、「@ツイート」はメンションや返信の数、「フォロワー」はフォロワー数の増減、「関連するツイート」は自社サイトがリンクされたツイート数がわかります。緑と赤の数字は、先の28日間と比べた場合の増減率と増減数です。

　その下には、その月の人気ツイートや得られた反応がまとめられています。それぞれの内容は以下のとおりです。

項目	説明
トップツイート	その月に最もインプレッションがあったツイート
トップフォロワー	その月にフォローしてくれたアカウントのうち、最もフォロワーが多いアカウント
トップのカードツイート	その月のTwitterカードを使ったツイートのうち、最もインプレッションがあったツイート
トップの@ツイート	その月に@ユーザー名でメンションがあったツイートのうち、最もエンゲージメントが得られたもの
トップのメディアツイート	その月の画像や動画付きツイートのうち、最もインプレッションがあったツイート

図表03 アナリティクス画面に表示されるデータ

「トップツイート」にある「ツイートアクティビティを表示」ボタンをクリックすると、そのツイートのインプレッションやエンゲージメントの総数などがわかります。トップツイートだけでなく、インプレッションやエンゲージメント数の高いツイートは、広告に切り替えることで、より効率的なエンゲージメントの獲得が期待できます。

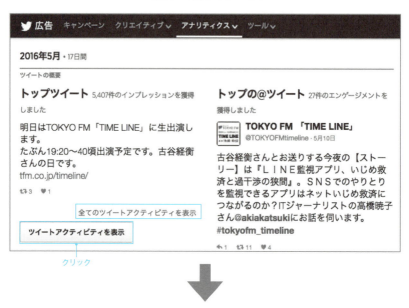

図表04 「ツイートアクティビティを表示」ボタンをクリックすると表示される画面

なお、トップツイートの「全てのツイートアクティビティを表示」をクリックすると、「アナリティクス」メニューから「ツイートアクティビティ」を選んだときと同じ画面が表示されます。

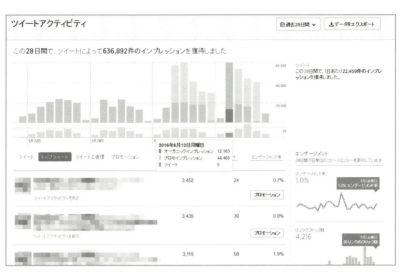

図表05 「全てのツイートアクティビティを表示」をクリックすると表示される画面。棒グラフにマウスカーソルを合わせると、内訳が表示される

アナリティクスのその他の管理画面

「アナリティクス」メニューには、「ホーム」のほかに5つのメニューがあります。このメニューからアクセス可能な管理画面は以下のとおりです。これらの画面について、ひとつずつ説明していきましょう。

メニュー	説明
ホーム	アナリティクスのホーム画面。主なツイートやフォロワーの反応を把握できる
ツイートアクティビティ	各ツイートのインプレッションやエンゲージメントからツイートの影響力が把握できる
オーディエンスインサイト	フォロワーの傾向が分析できる
Twitterカード	Twitterカードからどれくらいリンクがクリックされたのかがわかる
動画アクティビティ（ベータ版）	過去28日間でツイートされた動画の再生数がわかる
イベント	Twitterで話題になっているイベントが確認できる

図表06 「アナリティクス」メニュー

Twitterカード画面

「アナリティクス」メニューから「Twitterカード」を選ぶと、Twitterカードに関するさまざまなデータを見ることができます。

図表07 「Twitterカード」画面で、さまざまな角度から反応を分析できる

　この画面の上部には「URLクリック」「インストールトライ」「リツイート」の3つのタブがあります。タブ名の下にある数字は、「×日○曜日以降」の減少率（赤）、増加率（緑）を表しています。ここでは「20日水曜日以降」と表示されていますが、画面左上のメニューから日付を選ぶことで、期間を指定できます。続いて、3つのタブについてそれぞれ説明します。

「URLクリック」タブ

タブの下には、「スナップショット」「時系列変化」などのメニューがあり、クリックすることで画面を切り替えることができます。

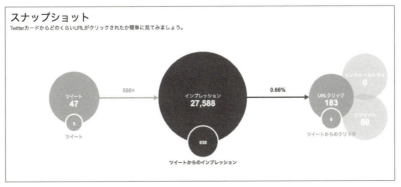

図表08 「URLクリック」タブの下に表示された7つのメニュー

まず、「スナップショット」ではTwitterカードの付いたツイートがどのくらいのインプレッションやURLクリックにつながったのかが直感的にわかります。

図表09 「スナップショット」画面で、反応の概要を見ることができる

項目ごとに大小の円が組み合わされて表示されています。大きい円はユーザーがツイートした自社サイトへのリンクが含まれるすべてのツイート、小さい円は自社アカウントの自社サイトへのリンクが含まれるツイートを示しています。

左から右へ矢印が表示されているとおり、ツイートからどのようにインプレッションが生まれ、ツイートがクリックされたか流れがわかります。

「時系列変化」では、Twitterカードの付いたツイート数、インプレッション数、URLクリック数が時系列によってどう変化しているかを確認できます。

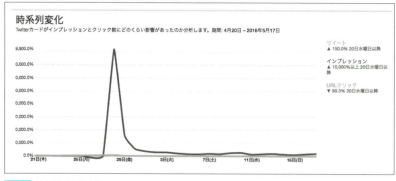

図表10 「時系列変化」画面

「カードタイプ」では、これまでに使用したTwitterカードの種類別のクリック率が表示されます。各カードタイプの平均値もわかるので、自社のTwitterカードの成績が平均よりも劣るようなら改善を考えたほうがよいでしょう。

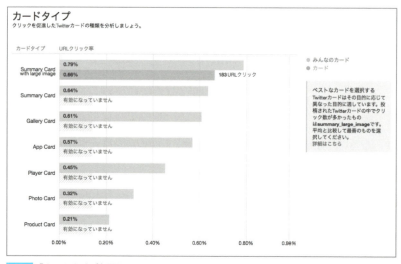

図表11 「カードタイプ」画面

「リンク」では、Twitterカードで最も多くのクリック数を獲得したURLのランキングがわかります。ここからユーザーの反応につながるコンテンツを把握して、類似コンテンツを強化したり、広告に活用してもいいでしょう。

その下の「トップアカウント」では、自社のコンテンツについてツイートしたインフルエンサーのアカウントが確認できます。多くのフォロワーがいるインフルエンサーにツイートやリツイートされると、多くの人の目に触れる可能性があります。

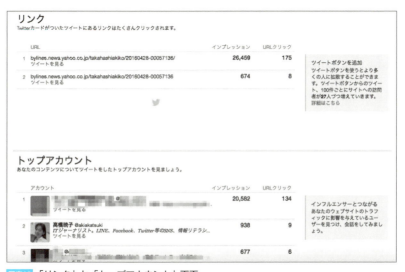

図表12 「リンク」と「トップアカウント」画面

「ツイート」では、URLクリックにつながったツイートが、影響力の大きかった順に並びます。大きな影響力のあるツイートを見つけたら、それをリツイートするなどして活用しましょう。

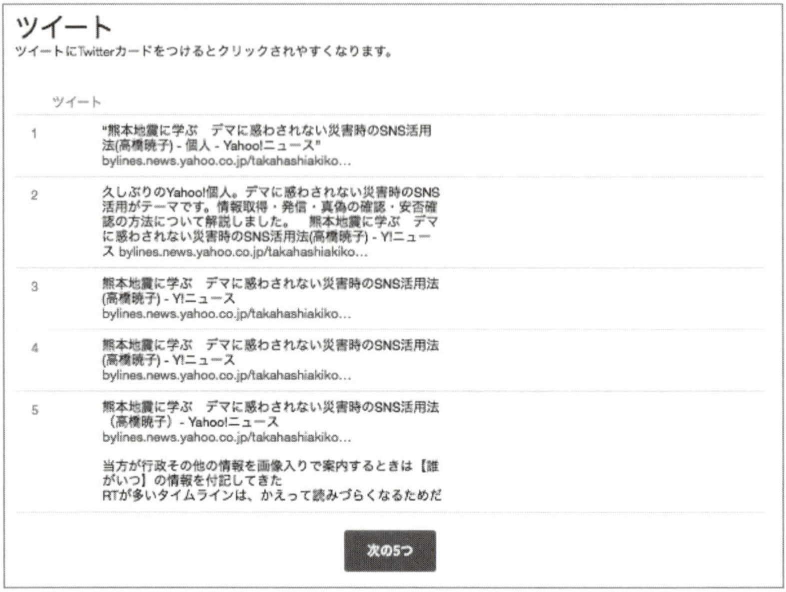

ツイート

ツイートにTwitterカードをつけるとクリックされやすくなります。

	ツイート
1	"熊本地震に学ぶ　デマに惑わされない災害時のSNS活用法(高橋暁子) - 個人 - Yahoo!ニュース" bylines.news.yahoo.co.jp/takahashiakiko…
2	久しぶりのYahoo!個人。デマに惑わされない災害時のSNS活用がテーマです。情報取得・発信・真偽の確認・安否確認の方法について解説しました。　熊本地震に学ぶ　デマに惑わされない災害時のSNS活用法(高橋暁子) - Y!ニュース bylines.news.yahoo.co.jp/takahashiakiko…
3	熊本地震に学ぶ　デマに惑わされない災害時のSNS活用法(高橋暁子) - Y!ニュース bylines.news.yahoo.co.jp/takahashiakiko…
4	熊本地震に学ぶ　デマに惑わされない災害時のSNS活用法(高橋暁子) - Y!ニュース bylines.news.yahoo.co.jp/takahashiakiko…
5	熊本地震に学ぶ　デマに惑わされない災害時のSNS活用法（高橋暁子） - Yahoo!ニュース bylines.news.yahoo.co.jp/takahashiakiko… 当方が行政その他の情報を画像入りで案内するときは【誰がいつ】の情報を付記してきた RTが多いタイムラインは、かえって読みづらくなるためだ

次の5つ

図表13 「ツイート」画面

「ソース」ではインフルエンサーがツイートする際に利用したアプリやウェブサイト、ウィジェットが個別に表示されます。

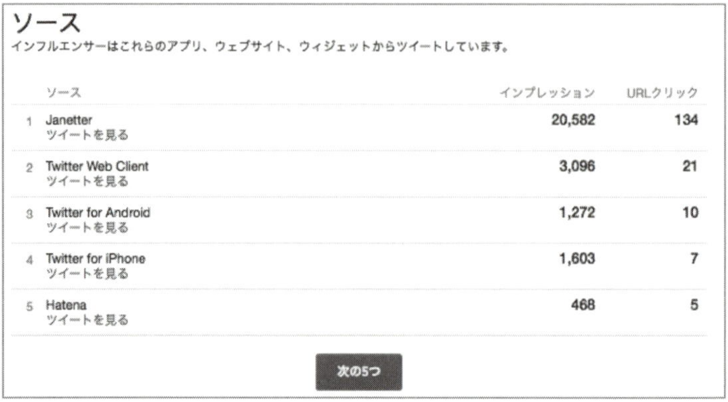

ソース

インフルエンサーはこれらのアプリ、ウェブサイト、ウィジェットからツイートしています。

	ソース	インプレッション	URLクリック
1	Janetter ツイートを見る	20,582	134
2	Twitter Web Client ツイートを見る	3,096	21
3	Twitter for Android ツイートを見る	1,272	10
4	Twitter for iPhone ツイートを見る	1,603	7
5	Hatena ツイートを見る	468	5

次の5つ

図表14 「ソース」画面

「インストールトライ」タブ

　「インストールトライ」タブをクリックすると、Twitterカードでアプリをインストールするためにクリックされた回数がわかります。まだTwitterカードでアプリのインストールを目的に設定したことがない場合は、以下のような画面になります。

図表15 「インストールトライ」タブ

「リツイート」タブ

「リツイート」タブをクリックすると、Twitterカードからどのくらいリツイートされたかがわかります。「URLクリック」タブと同様、「スナップショット」「時系列変化」「カードタイプ」などを選ぶと、それぞれの画面に切り替えることができます。

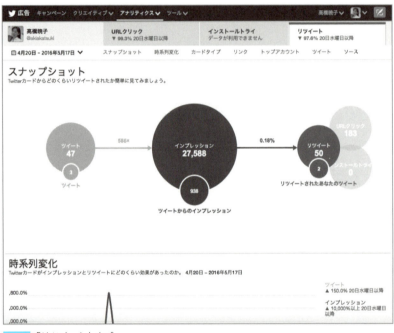

図表16　「リツイート」タブ

「動画アクティビティ（ベータ版）」画面

　「アナリティクス」メニューから「動画アクティビティ（ベータ版）」を選ぶと、過去28日間にツイートされた動画の再生数の推移が表示されます。「動画の再生数」ではツイートした動画の再生回数、「完了率」では最後まで見られた割合がわかります。

　「動画」ですべての動画付きツイート、「プロモーション」で動画付きTwitter広告のデータを切り替え可能です。「トレンド」からは、過去28日間の動画の再生分数と最後まで見られた割合の変化がわかります。

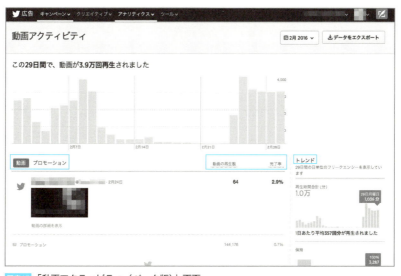

図表17 「動画アクティビティ（ベータ版）」画面

「イベント」画面

「アナリティクス」メニューから「イベント」を選ぶと、Twitterでどのようなイベントが話題になっているかを知ることができます。ここには4つのタブがあり、選択することで表示内容が切り替わります。

▶「イベント」タブ

「イベント」タブには、人気アイドルのライブや音楽フェスティバル、七夕や敬老の日のような季節ごとの行事や祝日など、さまざまなイベントが一覧表示されています。

画面には3つのボタンがあり、クリックしてメニューを選択することで表示内容を絞り込んだり、並べ替えることが可能です。「日付へ移動」では、日付を指定して話題のイベントを確認できます。「すべてのイベントの種類」からイベントの種類を、「すべての地域」から調べたい地域を選びましょう。

「すべてのイベントの種類」からは、スポーツ、エンターテインメント、休日などのイベントの種類で並べ替えができます。「すべての地域」から日本を選ぶと、日本で話題のイベントと話題にしているユーザーの数が確認できます。

イベントごとに開始日と期間、興味を持っているユーザーの大まかな人数が表示されるので、自社の商材と親和性の高いイベントや盛り上がっているイベント開催に合わせて広告を配信してもいいでしょう。

図表18 「イベント」画面

▶その他のタブ

「スポーツ」タブではさまざまなスポーツのイベント、「映画」タブでは劇場公開映画、「よく浮上するトレンド」タブでは人気のハッシュタグが表示できます。人気のハッシュタグは現時点では日本のものは含まれていないようです。また、上部の検索欄ではイベント名で検索することもできます。

 ツイート分析

ツイートがどのくらい見られたり、クリックされたのかを分析することは、Twitter広告の戦略を考える上で大切です。「アナリティクス」メニューから「ツイートアクティビティ」を選ぶと、各ツイートのインプレッションやエンゲージメントなどが表示されます。

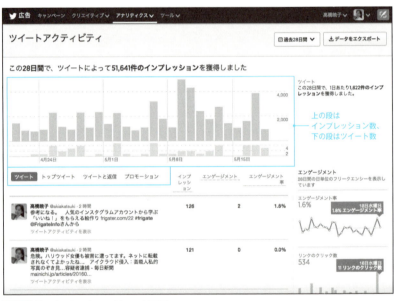

図表19 「ツイートアクティビティ」画面

ここには、28日間のツイートに対する反応が表示されます。このグラフは2段になっていて、上の段がインプレッション数、下の段がツイート数になっています。

グラフの下には、「ツイート」「トップツイート」「ツイートと返信」「プロモーション」が並んでいて、クリックすると、その下に詳細が表示されます。

メニュー	説明
ツイート	ツイートの内容とともに、インプレッション、エンゲージメント、エンゲージメント率が表示される
トップツイート	インプレッションが多い順にツイートが表示される
ツイートと返信	ツイートと返信が時系列に表示される
プロモーション	プロモツイートが表示される

図表20　グラフ下の4つのメニュー

「ツイート」では、個々のツイートの内容とともに、インプレッション、エンゲージメント、エンゲージメント率の3つの指標が表示されます。

指標	説明
インプレッション	ユーザーがTwitterでツイートを見た回数
エンゲージメント	ユーザーがツイートに対してクリック、いいね、リツイート、フォローなどの反応をした回数
エンゲージメント率	エンゲージメント数をインプレッション数で割った割合

図表21　指標の意味

「ツイートアクティビティを表示」をクリックすると、インプレッション、エンゲージメント総数とエンゲージメントの内訳がわかります。

図表22　「ツイートアクティビティを表示」をクリックすると詳細が確認できる

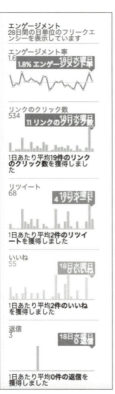

図表23 28日間の日単位のフリークエンシー

また、画面右側には、過去28日間の日単位のフリークエンシー（広告とユーザーの接触頻度）が表示されます。エンゲージメント率、リンクのクリック率、リツイート、いいね、返信の数の推移を把握することができます。

なお、画面右上の「データをエクスポート」ボタンをクリックすると、これらのデータをファイルとしてダウンロードできます。

オーディエンス分析

「アナリティクス」メニューの「オーディエンスインサイト」について紹介しましょう。この画面にはツイートを見た人（オーディエンス）についてのデータがまとめられています。

自社アカウントのフォロワーのデータを見る

この画面で、自社アカウントをフォローしているユーザーの性別や興味関心などの傾向をつかむことができます。

図表24　「オーディエンスインサイト」画面

画面上部に表示されているのは「フィルター」で、初期設定では、「すべてのTwitterユーザー」「アメリカ合衆国」などとなっています。

図表25　フィルターメニュー

「すべてのTwitterユーザー」をクリックして「フォロワー」を選ぶと、自社アカウントのフォロワーの属性が表示されます。

また、「オーガニックなオーディエンス」では、フォロワーではない人も含めたツイートを見ているユーザーの属性、たとえば男性と女性のどちらが多いのかなどを確認できます。「エンゲージメント」をクリックするとメニューが表示され、ツイートを読んだ「リーチ済み」、ツイートに反応した「エンゲージメント」、それぞれの割合がわかります。

図表26 オーガニックなオーディエンスをチェックすることができる

　「キャンペーンのオーディエンス」を選択すると、横にキャンペーン名の検索欄が表示されます。欄内をクリックすると、これまでに実施したキャンペーンのオーディエンスを選ぶことができます。

図表27 「キャンペーンのオーディエンス」選択メニュー

　「フォロワー」は自社アカウントのフォロワー、つまり顧客層の特徴ということです。男性向けの商品なのに、女性のユーザーが多いようなら対応が必要ですし、ここから得られた特徴をターゲティングに活かすことも可能です。

　この画面には「概要」「人口特性」「ライフスタイル」「購入スタイル」「携帯電話会社」の4つのタブがあります。これらを切り替えて、オーディエンスの傾向をしっかり把握しましょう。また、フィルターの下にある「＋比較オーディエンスを追加」をクリックすると、複数のオーディエンスを比較して、傾向の違いを把握することが可能です。

索引

記号

- **076, 128**
" " **076, 129**
.... **006**
@ユーザー名 **002, 003, 005, 080**
[ ] **076**
+ **076, 129**
</body> **173**

アルファベット

A/Bテスト **160**
Add a call to action（optional） ... **153**
Allow video to be embedded **154**
Android **121**
answers **030, 183**
Call-to-action **191**
CPA **044, 182**
CPAC **028, 030, 043**
CPE **028, 030, 043**
CPF **028, 029, 043**
CPI **028, 030**
CPL **028, 030**
CPLC **028, 029, 043**
CPV **028, 031**
Create a website tailored audience ... **178**
CSV **099**
CVR **044**
GIFアニメ **155**
Google Play **157**
iOS **121**
iTunes Store **157**
JPEG **091, 156**
KPI **043**
MOV **151**
MP4 .... **151**
PDCA **187**
PNG **091, 156**
Promoted-only **154**
RFM **054**
Standard delivery **154**
TXT **083**

Twitterオーディエンスプラットフォーム
....**070, 102**
Twitterカード
.... **020, 069, 091, 107, 156, 209**
Twitterカード画面 **210**
Twitter広告 **011**
Twitter広告ポリシー..................**050, 051**
Twitterトレンド **146**
URL **175**
URLクリック **211**
Yahoo!プロモーション広告 **114**

あ行

アカウント候補の見つけ方 **124, 126**
アカウント名 **002, 003**
アクション単価 **044**
アクティブなユーザーに
ターゲティングする **200**
新しいオーディエンスを作成 **178**
新しいツイート **104**
アトリビューション **175**
アナリティクス **106, 111, 143, 206**
アナリティクス（メニュー） **106**
アプリカード **021, 157**
アプリカテゴリー **123**
アプリクリック単価 **030, 043**
アプリのインストール数または起動回数
.... **028, 030, 041, 068**
アプリマネージャー **110**
一致 **128**
イベント **109, 123, 218**
イベントターゲティング **074**
インストール（ボタン） **157**
インストール単価 **028, 030**
インストールトライ **215**
インタレストターゲティング **023**
インフルエンサー **118**
インプレッション **024, 223**
ウェブサイトカード **020, 157**
ウェブサイトコンバージョン用に
最適化 **087, 182**

ウェブサイトへの誘導数または
コンバージョン 028, 029, 041, 068
ウェブサイト訪問者 083, 084, 086
ウェブサイト訪問者の収集 084
映画（タブ）................................ 219
エクスポート 098, 103
絵文字 146
エンゲージメント 030, 223
エンゲージメント単価............028, 030
エンゲージメント率 223
炎上 056
オーガニックなオーディエンス 224
オークション 026
オーディエンス 072
オーディエンスインサイト 107, 223
オーディエンスの概要.............077, 082
オーディエンス分析 223
オーディエンスマネージャー
.... 110, 178, 179
オーディエンスリストの作成 083

か行

カードクリエイティブマネージャー... 098
カードタイプ 212
開始（キャンペーン）..............093, 094
開始済みのキャンペーン................... 102
開始日 070
課金方式 028
カゴ落ち 054
カスタムアトリビューション期間
....175, 176
画像 022, 156
画像サイズ.........................091, 156
画像の選び方 159
画像の作り方 149
カテゴリー.................................... 071
完全一致 076
完了率 217
キーコンバージョンイベントを選択
....072, 182
キーワード.............................074, 119
キーワード候補を表示する 130
キーワードターゲティング
.... 023, 074, 119, 132, 134
キーワードの選び方 158
キーワードターゲティングを削除... 078
企画書 052
期間 042

キャンペーン（メニュー）................ 100
キャンペーンのオーディエンス 224
キャンペーンの概要 070
キャンペーンの最適化を選択 ...087, 182
キャンペーンの下書き 102
キャンペーンの目的 040, 068
興味関心 074
興味関心ターゲティング................ 120
クイックプロモート 113, 208, 221
国 064
クリエイティブ 034, 136, 139, 142
クリエイティブ（メニュー）............ 104
クリエイティブの最適化................ 191
クリエイティブの新規作成 089
クリエイティブの設定
（既存のツイートを流用）............... 094
クリエイティブのテスト................ 160
クリック課金 013
クリック率......... 026, 043, 097, 188, 200
クレジットカード 036, 066
携帯電話 121
景表法 050, 051
言語で絞り込む 074
広告エディター 110
広告管理画面 100
広告キャンペーン 040
広告費用 028
広告用アカウント 058, 064
広告用ツイート 104
広告予算の最適化 202
高度な検索 127
コードスニペット 172
顧客獲得単価 044
コピー 147
コピー（キャンペーン）.................. 100
個別訴求 117, 148
個別設計 186, 187
コンバージョン 024, 110, 168
コンバージョンイベント
.... 024, 170, 177, 182
コンバージョンイベントの設定
.... 024, 172, 173
コンバージョントラッキング ...110, 168
コンバージョントラッキングに戻る ... 173
コンバージョントラッキングのステータス
.... 072, 173
コンバージョン率 044, 200

さ行

再生課金 013
再生単価 031
最低出稿金額 036
最適化 035, 188
さらにターゲティングを選択する ... 074
シーン 135, 138
時系列変化 212
自社アカウントのフォロワーのデータ ... 223
下書きとして保存 083, 084
自動入札額 026, 088, 202
住所 064, 065, 120
終了日 070
上限入札単価 026, 088, 202
上限予算金額 087
詳細オプションを表示（予算の設定）
.... 087
肖像権 050
消費税 065
除外（キーワード） 076, 077, 128
除外（ユーザー） 086, 181
除外（完全一致） 076
除外（フレーズ一致） 076, 129
新規作成（目的を選ぶ） 103
スナップショット 211
すべてのTwitterユーザー 223
すべてのイベントの種類 218
すべてのキャンペーン 100, 176, 177
すべてのチャンネル上 102, 103
全てのツイートアクティビティを表示
....208, 209
全ての目的 102, 104
スポーツ（タブ） 219
スマートフォン 008, 074, 092, 121
スマートフォンで
ツイートアクティビティを見る 113
スマートフォンでの広告設定 111
成果 028
成果測定 024, 034
性別
... 015, 034, 046, 073, 107, 116, 120, 223
性別で絞り込む 073
セグメント 044, 131, 135, 138, 198
セルフサービス式Twitter広告
.... ii, iv, 033, 036
潜在的なオーディエンスサイズ ...077, 082
全体訴求 177, 148
全体設計 186

た行

ソース 214
属性別ターゲティング 120
その他 030

ターゲット 015, 043, 045, 124
ターゲットの母数 123
ターゲティング 015, 023, 072, 116
ターゲティングの最適化 195
タイムゾーン 064
タイムライン 002, 003
タグ 023, 169, 170
タグの設置 173
タグの発行 172
タブレット 121
単一イベントウェブサイトタグ ...170, 174
端末、プラットフォーム、
携帯電話会社を選択 074
地域ターゲティング 023, 120
地域を選択 073
著作権 050
ツイート 003, 005, 214
ツイートアクティビティ
.... 106, 208, 209, 220
ツイートアクティビティ
（スマートフォン） 113
ツイートアクティビティを表示 ...208, 221
ツイートのエンゲージメント
.... 028, 030, 041, 068
ツイート分析 220
ツイートを公開 090, 093
ツイートを広告に使う 089
ツール（メニュー） 110
テイラードオーディエンス
... 023, 074, 083, 110, 121, 171, 178, 180, 181
テイラードオーディエンスの設定 ... 178
テイラードオーディエンスを使った
除外設定 181
データをエクスポート 222
デスクトップPC 121
デバイスターゲティング 121
デモグラフィック 095
テレビ 074, 123
テレビCM 194
テレビターゲティング 074
動画 022, 151
動画アクティビティ 108, 209, 217
動画のアップロード 152

動画の再生数
.... 022, 028, 041, 068, 151, 209, 217
動画の設定 151
特定商取引法 050, 051
トップツイート 207, 208, 221
トップの@ツイート 207
トップのカードツイート 207
トップのメディアツイート 207
トップフォロワー 207
ドメイン名 071
トラッキング 023, 024, 168, 173
トラッキングコード 169
トラッキングする範囲 175

な行

入札 026
ネイティブ広告 011
ノートPC 121

は行

ハッシュタグ 006, 019
ファイルサイズ 091, 151, 156
フォロー 004, 015
フォロー単価 027, 029, 043, 202
フォロワー
.... 004, 015, 028, 041, 068, 074, 118
フォロワーターゲティング
.... 015, 023, 080, 118, 124
フォロワーに似たユーザーを
ターゲティング 081
フォロワーをターゲティング 081
複数のキーワードを指定する 079
部分一致（順不同） 076, 128
フリークエンシー 222
フレーズ一致 076, 128, 129
プロフィール 002, 003
プロフィール画像 002, 003, 059
プロフィール画面 062
プロモアカウント 019
プロモーション表記 ... 012, 018, 019, 142
プロモツイート 018
プロモツイートを表示させる場所 ... 085
プロモトレンド 019
プロモビデオ 022, 151
ヘッダー画像 002, 003, 062
ホーム画面 062
ポストエンゲージメント
アトリビューション期間................... 176

ポストビューアトリビューション期間
.... 176
保存（キャンペーン） 093, 094

ま行

マッチ 075, 077, 128
見込み顧客 021, 028, 032, 041, 068
ミュート 041
目的 028
目標 042
目標コスト 027, 088, 202, 203
モバイルアプリのコンバージョン
トラッキング 183

や行

薬機法 050, 051
ユーザーアカウント 002, 058
ユーザーアカウントの開設 058
ユーザーの除外 086
ユニバーサルウェブサイトタグ
.... 023, 170, 171, 172, 178
よく浮上するトレンド（タブ）......... 219
予算 014, 042
予算総額 087
予算の考え方 200
予算の設定... 087
予約投稿ツイート 090, 093

ら行

ランディングページ 166
リーチ 041, 078
リーチ済み 224
リード 021, 028, 030, 032
リードジェネレーションカード
.... 021, 098, 157
リード単価 027, 030
リードのダウンロード 099
リスト 083, 086
リツイート 005
リツイート（タブ） 216
リマーケティング ... 023, 024, 083, 178
稟議書 052
リンク 213
リンククリック単価 027, 029, 043
リンククリック用に最適化 087
類似フォロワー 074
レポート 095

お問い合わせ

本書に関するご質問、正誤表については、下記ウェブサイトをご参照ください。

刊行物Q&A　　http://www.shoeisha.co.jp/book/qa/
正誤表　　　　http://www.shoeisha.co.jp/book/errata/

インターネットをご利用でない場合は、FAXまたは郵便にて、下記までお問い合わせください。電話でのご質問は、お受けしておりません。

〒160-0006 東京都新宿区舟町5
株式会社 翔泳社 愛読者サービスセンター
FAX番号：03-5362-3818

※本書に記載された操作画面や手順、URL等は予告なく変更される場合があります。
※本書の出版にあたっては正確な記述につとめましたが、著者、監修者、出版社などのいずれも、本書の内容に対してなんらかの保証をするものではなく、内容やサンプルに基づくいかなる運用結果に関してもいっさいの責任を負いません。
※本書に記載されている会社名、製品名等は、それぞれ各社の商標および登録商標です。

著者紹介

高橋暁子（たかはし あきこ）

ITジャーナリスト。書籍、雑誌、Webメディアなどの記事の執筆、コンサルタント、講演などを手がける。SNSや情報リテラシーなどについて詳しい。
『ソーシャルメディア中毒』（幻冬舎）、『Facebook×Twitterで儲かる会社に変わる本』（日本実業出版社）など著作多数。テレビ・新聞・雑誌・ラジオなどのメディア出演多数。元小学校教員。

装丁・本文デザイン　宮嶋章文
DTP　株式会社アズワン
編集　井浦薫（翔泳社MarkeZine編集部）

Twitter広告運用ガイド

2016年7月19日　初版第1刷発行

著　　者　　高橋暁子
発　行　人　　佐々木幹夫
発　行　所　　株式会社翔泳社（http://www.shoeisha.co.jp）
印刷・製本　　凸版印刷株式会社

©2016 AKIKO Takahashi, Shoeisha Co., Ltd.

＊本書は著作権法上の保護を受けています。本書の一部または全部について、株式会社翔泳社から文書による許諾を得ずに、いかなる方法においても無断で複写、複製することは禁じられています。
＊本書へのお問い合わせについては、前ページに記載の内容をお読みください。
＊落丁・乱丁はお取り替えいたします。03-5362-3705までご連絡ください。

ISBN978-4-7981-4646-1　Printed in Japan